Almuth Scholz

Steingarten

anlegen und bepflanzen

Bezaubernde Naturlandschaften
im kleinen selber gestalten

Mit Farbfotos bekannter Garten-
und Pflanzenfotografen
Zeichnungen: Marlene Gemke

Inhaltsübersicht

Ein Stück reizvoller Natur
Ein Wort zuvor

Sonnenverwöhnte, prachtvolle Blüten in allen Farben des Regenbogens, attraktive Samenstände, Steine in den verschiedensten Formen – all das fügt sich im Steingarten zu einem harmonischen naturnahen Ganzen.
Steingarten-Expertin Almuth Scholz sagt Ihnen in diesem GU Ratgeber, wie auch Sie sich ein solches Kleinod schaffen können, das Sie zu jeder Jahreszeit mit prachtvollem Blütenschmuck erfreut.
Sie finden Gestaltungsideen für sonnige und für schattige Plätze, für den Ministeingarten oder für einen Platz am Wasser. Die neuartigen und leicht zu handhabenden Pflanzpläne, die von der Autorin in jahrelanger Praxis entwickelt wurden, erleichtern Ihnen die Planung eines Steingartens, der auf Ihren Garten zugeschnitten ist. Auf Praxis-Seiten erhalten Sie ausführliche Information zur Botanik der Steingartenpflanzen, zu Pflanzenkauf, Steinwahl und zum Bau einer Trockenmauer. Bildtableaus zeigen Pflanzen im Porträt, brillante Farbfotos bekannter Pflanzenfotografen laden zum Betrachten ein.
Viel Freude beim Planen und Gestalten Ihres Steingartens wünschen Ihnen die Autorin und die GU Naturbuch-Redaktion.

4 Lebensraum Steingarten
Pflanzen für den Steingarten

6 Attraktiv zu jeder Jahreszeit
6 Naturnahe Gartengestaltung
6 Naturschutz
7 Herkunft der Steingartenpflanzen
8 PRAXIS Botanik
10 Steingartenpflanzen für viele Gelegenheiten
11 Gemeinsame Ansprüche der Steingartenpflanzen
12 Bunte Farben am sonnigen Platz
14 Tabelle: Pflanzen für sonnige Standorte
16 Elegante Blüten, interessante Blätter
18 Tabelle: Pflanzen für schattige Standorte

20 Richtige Planung
Vorbereitung und Pflanzung

22 Standortwahl
22 Bodenvorbereitung
24 PRAXIS Steinwahl und -lagerung
26 Sorgfältige Planung führt zum Erfolg
27 Ordnen nach Blühzeit und -farbe
27 Pflanzpläne erstellen
28 PRAXIS Kauf und Pflanzung
30 Blühzeitkalender

32 Ideen-Vielfalt
Möglichkeiten der Gestaltung

34 Miniatursteingärten
34 Besonderheiten kleiner Beete

Phlox, Nelken und Schafgarben in leuchtenden Farben.

Glockenblume.

Sonnenröschen.

34 Gestaltungsideen für Ministeingärten
36 Sonnige Hanglage
36 Natürlicher Hang
38 PRAXIS Trockenmauer setzen
40 Schattensteingarten
40 Schattenliebende Pflanzen kombinieren
42 Gestaltung von Treppen und Wegen
43 Treppen und Wege bepflanzen
43 Architektonischer Hang
44 Wasser im Steingarten
44 Duftsteingarten

46 Erfolgreiche Pflege
Gießen, düngen, vermehren

48 Pflegeansprüche von Stauden
48 Naturnahe Pflanzungen sind pflegeleicht
48 Pflege in den ersten Jahren nach der Pflanzung
50 Wasser- und Nährstoffbedarf
50 Bewässerung
51 Nachdüngung
52 Stauden schneiden
52 Verjüngen der Stauden
52 Winterschutz
54 Wenn Pflanzen kümmern
54 Krankheiten
54 Schädlinge
55 Die fünf häufigsten Schädlinge
56 Pflegekalender

58 Pflanzen- und Sachregister

62 Literatur

63 Warnung und Hinweis

63 Impressum

Die Autorin
Almuth Scholz ist eine Autodidaktin, die sich seit ihrer Jugend mit den natürlichen Lebensgemeinschaften von Pflanzen theoretisch und praktisch intensiv befaßt. Neben jahrelangen praktischen Experimenten gestaltet sie Gärten, veranstaltet Seminare und führt nach ökologischen Gesichtspunkten Beratungen durch. Schwerpunkte ihrer Arbeit sind die naturnahe Pflanzenzusammenstellung für entsprechende Gartenbereiche und die Kombination von Gehölzen.

Die Fotografen
Die Motive in diesem Ratgeber haben namhafte Pflanzenfotografen aufgenommen. Ihre Namen können Sie dem Nachweis auf Seite 63 entnehmen.

Die Zeichnerin
Marlene Gemke studierte an der Fachhochschule Wiesbaden Graphik-Design. Nach dem Studienabschluß selbständige Tätigkeit als wissenschaftliche Graphikerin. Illustrationsaufträge für Verlage und Museen. Langjährige Zeichnerin von Tier- und Pflanzenmotiven des GU Naturbuch-Verlags

Wichtig: Damit Ihre Freude am Steingarten nicht getrübt wird, beachten Sie bitte »Warnung und Hinweis« auf Seite 63.

Pflanzen für den Steingarten

Lebensraum Steingarten

Ein Steingarten – naturnah angelegt – ist ein Stück urwüchsiger Landschaft, das Sie sich in den Garten holen. Da Steingartenpflanzen meist genügsam sind, können Sie ihnen leicht die richtigen Bedingungen schaffen. Und bereits nach kurzer Zeit werden auch Tiere Ihren Steingarten bevölkern.

Foto oben: Leuchtend gelbe Blüten der Nachtkerze.
Foto links: Wasser bildet im Steingarten ein zusätzlich attraktives Gestaltungselement.

Lebensraum Steingarten

Attraktiv zu jeder Jahreszeit

Ein Steingarten bietet das ganze Jahr einen prachtvollen Anblick mit einer Fülle bunter Blüten, interessanter Blätter und aparter Fruchtstände. Wenn Sie Duftpflanzen verwenden, genießt neben dem Auge auch die Nase. Außerdem kann der Steingarten eine Oase naturnaher Gestaltung innerhalb Ihres Gartens sein.

Naturnahe Gartengestaltung

Die Gartengestaltung bietet viele Möglichkeiten, gewachsenes Umweltbewußtsein zum Ausdruck zu bringen. Mit Steingärten und Trockenmauern können Sie bei naturnaher Gestaltung und Pflege ökologische Nischen für viele Lebewesen schaffen.
Auch naturnahe Gärten sollten bewußt vom Menschen gestaltete Lebensräume bleiben. Wege dürfen nicht zuwachsen, Beete nicht unter Unkräutern ersticken. Doch Anlage und Pflege sollten im Einklang mit der Natur stehen.
Einige Punkte sind bei der Anlage Ihres Naturgartens zu berücksichtigen.
Beobachten der vorhandenen natürlichen Verhältnisse: Vorhandene natürliche Verhältnisse sind Boden, Wasserange-

bot, Licht, Klima und die natürliche Umgebung.
• Beim Boden interessieren vor allem seine Beschaffenheit und Struktur. Es gibt Sand-, Lehm- und Tonböden, nährstoffarme und nährstoffreiche Böden (→ Seite 22).
• Das Wasserangebot hängt eng mit der Bodenstruktur zusammen. Sandböden können kaum Wasser speichern, Tonböden haben gutes Speichervermögen. Aber auch die angebotene Niederschlagsmenge in Ihrer Region spielt eine Rolle.
• Die Lichtverhältnisse sind ebenso wichtig für die Art der Gestaltung und die Pflanzenauswahl.
• Das Klima – wir unterscheiden Groß- und Kleinklima – beinflußt entscheidend die Lebensmöglichkeiten im Garten. Großklima ist das Klima einer gesamten Region. Mit Kleinklima wird das spezielle Klima in Ihrem Garten bezeichnet. Haben Sie zum Beispiel Hekken, die Wind abfangen oder große Bäume, die viel Wasser und Licht wegnehmen?
• Auch Ihre natürliche Gartenumgebung sollten Sie nicht vergessen. Ein Garten, der im Wald liegt, sollte anders gestaltet werden als einer an einem sonnigen Hang.
Verwenden standortgerechter Pflanzen und Materialien: Wenn Sie die natürlichen Voraussetzungen berücksichtigen, können Sie gezielt Pflanzen

auswählen, die sich dann auch in Ihrem Garten wohlfühlen (→ Seite 14/15 und 18/19). Bei den Materialien denke ich vor allem an Steine. Sie sollten möglichst heimische Steine passend zur Bodenart verwenden. Für Kalkböden eignen sich Kalksteine in verschiedenen Arten und Formen. Zu kalkarmen Böden, auf denen auch andere Pflanzen wachsen, passen Granit-, Basalt- oder Sandsteine. Feldsteine aus Ihrer Umgebung sind meist umsonst zu haben und für kleine Steingärten gut geeignet.
Nachahmung natürlicher Lebensräume: Mit diesen standortgerechten Pflanzen und Materialien können Sie Ihr Steingartenbiotop gestalten. In einigen Jahren werden Pflanzen und Steine einen in sich geschlossenen Lebensraum bilden, in dem viele Tiere Nahrung und Unterschlupf finden. In solche gewachsenen Anlagen brauchen Sie nur wenig einzugreifen (→ Naturnahe Pflanzungen sind pflegeleicht, Seite 48).

Naturschutz

Verwenden Sie keine Wildpflanzen aus der Natur. Die meisten Gebirgspflanzen stehen unter Naturschutz. Gerade die wunderschöne Pflanzenwelt der Gebirge muß von Natur- und Pflanzenfreunden ge-

Naturnahe Gestaltung, Herkunft der Pflanzen

Enzian und Edelweiß wenden an ihrem heimatlichen Standort ihre Blüten der Sonne zu.

schützt und erhalten werden! Staudengärtnereien führen reichhaltige Angebote an wüchsigen Steingartenstauden.

Herkunft der Steingartenpflanzen

Die Wildformen unserer Steingartenpflanzen stammen aus allen Hochgebirgen der Erde: zum Beispiel aus den Alpen, Karpaten, Pyrenäen und den Gebirgen Skandinaviens in Europa; aus dem Himalaja in Asien; aus den Rocky Mountains in Amerika. Ein weiteres Herkunftsgebiet sind heiße Steppenlandschaften. Dort herrschen ähnlich extreme Bedingungen wie im Hochgebirge. Solche besonderen Wachstumsbedingungen sind:

starke Sonneneinstrahlung und hoher Anteil an UV-Strahlen, starke Schwankungen der Feuchtigkeit, große Temperaturunterschiede zwischen Tag und Nacht, schneereiche Winter, kurze Vegetationszeit, geringe Humusauflage, ständige Luftbewegung und die Fähigkeit der Steine, Wärme und Wasser zu speichern.

Lebensraum Steingarten

Praxis: Botanik

Die Botanik der Steingartenpflanzen ist geprägt durch die extremen Bedingungen, denen sie häufig am Naturstandort ausgesetzt sind.

Steingartenpflanzen sind Stauden

Stauden sind ausdauernde, mehrjährige Pflanzen. Sie haben eine besondere Form der Überwinterung ausgebildet, die Überwinterungsknospen. Diese befinden sich in unterirdischen oder bodennahen Speicherorganen, aus denen die Pflanzen jedes Jahr neu austreiben.

Wuchsformen
Zeichnungen 1 bis 5

Steingartenstauden sind ganz typische Pflanzen, die in enger Verbindung mit dem Stein oder auf ihm leben. Nach ihren Wuchsformen möchte ich sie in vier Gruppen einteilen. Die Übergänge zwischen diesen Gruppen sind jedoch oft fließend.
<u>Polsterstauden</u> wachsen im Lauf der Jahre zu großen Polstern heran und können dann weit über Steine oder Mauern herunterhängen (→ Zeichnung 1). Viele immergrüne Arten wie Polsterphlox oder Steinkraut gehören zu dieser Gruppe. Mit ihren langen Pfahlwurzeln halten sie sich auch zwischen größeren Steinen fest, wachsen in schmalen Ritzen und zehren vom Nährstoffangebot in tieferen Bodenschichten.
Bei Erdkontakt und mit etwas Unterstützung, zum Beispiel durch aufliegende Steine, können ihre Ausläufer auch wieder Wurzeln bilden und zu neuen Pflanzen heranwachsen.
<u>Mattenstauden</u> (→ Zeichnung 3) wachsen durch wurzelbildende Ausläufer zu dichten Pflanzenteppichen heran. Auch sie können Steine und Mauerpartien bedecken und erst an geeigneter Stelle wieder einwachsen. Zu dieser Gruppe gehören zum Beispiel teppichbildende Thymianarten.
Eine besondere Form solcher bodendecken-

2 <u>Rosetten</u> sind eine Sonderform der Mattenstauden.

der Pflanzen sind rosettenbildende Stauden (→ Zeichnung 2). Sie tragen dekorative, grundständige Blattrosetten, die dem Erdboden aufliegen. Kurze Triebe wachsen nach allen Seiten und bilden neue Rosetten. Kleine Fetthennenarten und viele Steinbreche sind solche Pflanzen.
<u>Buschig wachsende Arten</u> (→ Zeichnung 4) bilden kompakte, kleine Büsche mit meist größeren Wurzelballen. Im Steingarten wirken sie besser, wenn sie in kleinen Gruppen gepflanzt werden. Edelweiß und Küchenschelle gehören zu dieser Gruppe von Stauden. Sie bilden ebenso wie die Polsterstauden recht

1 <u>Polsterstauden</u> wurzeln an einer Stelle und bedecken mit ihren Polstern eine große Fläche.

Praxis: Botanik

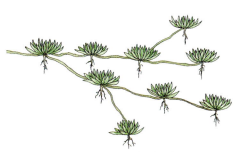

3 Mattenstauden treiben Ausläufer, die an neuen Plätzen Wurzeln schlagen.

lange und große Wurzelballen, die weit unter das Gestein reichen. Während die oberirdischen Teile von der Wärme der Steine profitieren, sind die Wurzeln im kühlen Boden unter den Steinen geschützt.
Halbsträucher (→ Zeichnung 5) bilden den Übergang zu den Zwergsträuchern. An der Wurzelbasis bilden sie teilweise holzige Zweige. Im Steingarten können sie durch kräftigen Rückschnitt zu kompaktem, buschigem Wuchs angeregt werden. In den Bergen werden sie durch Luftbewegungen und dichte Schneedecken niedrig gehalten. Lavendel oder das Sonnenröschen sind solche Halbsträucher. Auch sie halten sich mit kräftigen Wurzeln an steinigen Hängen oder im Geröll fest.

Blühzeiten und Blühfarben

Die Hauptblühzeit des Steingartens liegt im Frühjahr und im Frühsommer. Durch die kurze Vegetationszeit im Gebirge kommen Steingartenpflanzen im Frühling schnell aus den Startlöchern. Nach langen farblosen Wintermonaten werden sie vom Leuchtfeuer der Steingartenpflanzen begeistert sein. Die besonders kräftigen Blühfarben sind eine Folge der hohen Lichtintensität in den Bergen. Deshalb sollten Sie solchen »Sonnenkindern« auch unbedingt einen Platz an der Sonne reservieren.
In den Sommermonaten überwiegen Pflanzen mit zarteren Blüten in Pastelltönen. Unterschiedliche Blattfarben kombiniert mit Gräsern kommen jetzt besonders zur Geltung.
Zum Herbst hin gibt es farbliche Höhepunkte mit Silberdistel, Perlkörbchen und Heide. Auch Samenstände mancher Frühsommerblüher bringen hübsche Abwechslung. In größeren Anlagen können sie zusätzlich mit höher werdenden Blütenstauden und Zwerggehölzen Farbeffekte, etwa durch herbstliche Laubfärbung und Fruchtschmuck erzielen.

Blattformen und -strukturen

Steingartenstauden wirken jedoch nicht nur durch Blüten, sondern auch durch unterschiedlichste Blattformen und -strukturen. Silbriges Laub, fleischige Blättern, Blattrosetten oder behaarte Blätter in verschiedenen Farben oder dekorative Blattformen erhöhen den Gestaltungswert auch kleinster Steingartenbeete. An ihrem Heimatstandort schützen sich die Pflanzen mit solchen Blattformen vor Wassermangel und starker Sonneneinstrahlung. So können Sie Steingärten in praller Südlage anlegen, ohne daß die Gießarbeit in den heißen Sommermonaten zur Plage wird.

4 Zu den buschigen Arten gehört die Küchenschelle.

5 Ein Halbstrauch ist der Lavendel.

Lebensraum Steingarten

Eine Vielzahl attraktiver Arten gibt es von der Dachwurz.

Diese Wolfsmilch bietet einem Marienkäfer Schutz.

Steingartenpflanzen für viele Gelegenheiten

Da Steingartenpflanzen an ihrem Naturstandort im Gebirge oder in der Steppe unter unterschiedlichsten Bedingungen wachsen, können sie – je nach Art – auch im Garten an den verschiedensten Plätzen eingesetzt werden:
• auf kalkhaltigem oder kalkarmem Boden,
• an sonnigen oder schattigen Standorten,
• an moorigen, feuchten Stellen.
Denn unsere Steingartenpflanzen sind Zuchtformen, entstanden aus den Wildformen der Gebirgs- und Steppenpflanzen. Durch züchterische Bearbeitung sind sie je nach Art mehr oder weniger an das Leben im Garten angepaßt. So sind viele robuste Arten auch für sehr herkunftsfremde Gartensituationen geeignet. Artenfülle und Vielseitigkeit wurden durch Auswahl und Züchtung vermehrt und verbessert. Steingartenpflanzen, die Sie nach ihren Standortansprüchen auswählen, werden sich auch in Ihrem Garten wohlfühlen und im Laufe der Zeit zu naturnahen und dekorativen Pflanzengesellschaften zusammenwachsen. Die Pflanzen bilden dichte Teppiche, die durch Steine, Gräser, Farne und größere, buschig wachsende Arten gegliedert sind.

Standortansprüche, Tiere

Interessante Gestaltungen sind für sonnige, trockene Standorte (→ Seite 36), aber auch für schattige Plätze (→ Seite 40) möglich. Treppen und Wege (→ Seite 42) bieten sich ebenso an wie steinige Partien um kleine Tümpel oder Weiher (→ Seite 44). Der Lebensraum Steingarten, dem Beispiel der Natur nachempfunden, läßt Ihnen viel Spielraum zur eigenen kreativen Gestaltung.

Gemeinsame Ansprüche der Steingartenpflanzen

Drei wichtige Gemeinsamkeiten für alle Steingartenpflanzen sollten Sie unbedingt beachten.
• Steingartenpflanzen benötigen einen Boden, der wasser- und luftdurchlässig ist. Staunässe, vor allem Winternässe, die auf lehmigen, tonigen Böden oft unvermeidbar ist, können Steingartenpflanzen am wenigsten vertragen. Bei schlechten Bodenverhältnissen ist eine Drainage deshalb unerläßlich (→ Seite 22). Schwere Böden sollten außerdem mit Kompost verbessert werden.
Hinweis: Auf solch gut durchlüfteten Böden können Sie kalkliebende und kalkfeindliche Steingartenpflanzen ansiedeln.
• Es gibt zwei Gruppen Steingartenpflanzen, Pflanzen für trockene Standorte mit viel

Sonne sowie Stauden für schattige Plätze mit frischem Boden und höherer Luftfeuchtigkeit. In großen Anlagen können Sie diese beiden Gruppen von Stauden kombinieren. Hinter großen Steinen, in gestalteten Mulden und auch in Hohlwegen gibt es schattige Stellen, die mit Kühle liebenden Stauden bepflanzt werden können. Wasser im Steingarten sorgt für höhere Luftfeuchtigkeit. Gehölzrandbereiche oder Gartenteile unter großen Bäumen sind weniger für Steingartenpflanzen geeignet, da hier Schatten und Trockenheit kombiniert sind; dazu kommt ein durch Baumwurzeln stark verdichteter Boden. Nur Zwerggehölze, die auch der Gebirgsflora entstammen, sind für größere Steingärten dekorative Gestaltungselemente.
• Gebirgspflanzen verschlafen den Winter unter einer dichten Schneedecke. Sie schützt vor strengen Frösten, vor Winternässe und vor Austrocknung durch Wintersonne. Außerdem ist sie lichtdurchlässig; die Pflanzen können unter dem Schnee ihren neuen Austrieb vorbereiten. In unseren meist schneearmen Regionen sind Steingartenpflanzen vor allem durch Wintersonne und Winternässe gefährdet. Eine Drainageschicht und lockerer Boden helfen bei Winternässe. Vor allzu strengen Kahlfrösten und Wintersonne sollten Sie

besonders empfindliche Pflanzen mit einer lockeren Decke aus Fichtenreisig schützen (Winterschutz, → Seite 52). Da im Frühjahr die Nadeln des Reisigs abfallen, werden die Stauden allmählich an die neuen Lichtverhältnisse angepaßt und können neues Wachstum vorbereiten.

Tiere im Steingarten

Ist das Gleichgewicht innerhalb eines Lebensraumes, eines Biotops, in Ordnung, werden sich ganz von selbst viele Lebewesen ansiedeln. Das ökologische Gleichgewicht wird bestimmt durch die Standortbedingungen und die dazu passenden Pflanzen und Steine. Nicht nur Gartenteiche, auch Steingärten und Trockenmauern können zum Lebensraum werden. In größeren Anlagen, in denen die Tiere ungestört sind, werden sich auch Kriechtiere wie Blindschleichen oder Eidechsen, in feuchten Winkeln und bei Wasserstellen Kröten und Frösche ansiedeln. Auch bodenbrütende Vögel nutzen hier Verstecke unter Polsterstauden und Steinen. Selbst kleine Säugetiere wie Spitzmäuse und Mauswiesel finden Unterschlupf und Nahrung.

Lebensraum Steingarten

Silberdistel.

Bunte Farben am sonnigen Platz

Ein Steingarten in sonniger Lage präsentiert sich als farbenfrohes Juwel inmitten einer größeren Gartenanlage. Vom reinen Weiß über leuchtendes Gelb bis hin zu unzähligen Rosa-, Violett- und Lilatönen – die Natur hat sich beim Schmücken der Bergregionen keinen Zwang auferlegt.

Einen leuchtend rosa Farbfleck bilden diese Grasnelken.

Pflanzen für sonnige Standorte

Nachtkerze.

Storchschnabel.

Weiße Glockenblume.

Blaue Glockenblume.

Küchenschelle.

An ihrem Heimatstandort, auf den Höhen der Gebirge sind viele Pflanzen, die für den Steingarten gut geeignet sind, der Sonne ein Stück näher. Daher sind sie auch im Garten ausgesprochene Sonnenanbeter. Sie strecken ihre Blütenkelche zum Licht, scheinen ihm geradezu entgegenwachsen zu wollen.
Ob Küchenschellen in verschiedenen Farbtönen, Glockenblumen der unterschiedlichsten Ausprägung oder sogar die elegante und doch so stachelige Silberdistel – sie alle und viele andere sind echte Sonnenkinder.

Lebensraum Steingarten

PFLANZEN FÜR SONNIGE STANDORTE

Name	Standort	Boden	Höhe Wuchsform	Blühzeit Farbe	Nachbarn	Bemerkungen
Achillea Schafgarbe	○	T	15-20 Polster	VI-VIII weiß, gelb	*Lavandula, Nepeta, Veronica,* Gräser	Heide-, Steppengarten, niedrige Arten und Sorten
Alyssum Steinkraut	○	T K+	15-30 Polster	V-VI gelb	*Arabis, Aubrieta, Iberis, Phlox subulata*	silbernes Laub, Mauern, Flächendecker, Immergrün
Anaphalis Perlkörbchen	○	T K+	20-40 buschig	VII-VIII-X weiß	*Alyssum, Linum, Sedum telephium*	silbernes Laub, Heide-garten,
Antennaria Katzenpfötchen	○	T K-	15 Matten	VI-VII weiß, rosa	*Dianthus deltoides, Thymus,* über Zwiebeln	Heidegarten, Flächendecker
Arabis caucasica Gänsekresse	○	T K+	15 Polster	IV-V weiß, rosa	*Alyssum, Cerastium, Iris barbata-nana*	Mauern, Immergrün
Armeria Grasnelke	○	T	15 Polster	V-VII rosa, weiß	*Potentilla, Iris barbata-nana*	Mauern, Immergrün
Aubrieta Blaukissen	○	T K+	10 Polster	IV-V blau, rot	*Alyssum, Iberis, Phlox subulata, Iris barbata-nana*	Mauern
Campanula Glockenblume	○ - ◐	(T) K+	10-20 Polster	V-VIII-X weiß, blau	*Alchemilla, Dianthus, Geranium, Sedum*	Mauern, niedrige Arten, teilweise Immergrün
Carlina Eberwurz, Silberdistel	○	T K+	5-30 buschig	VII-X weiß	*Helianthemum, Linum, Origanum,* Gräser	Heidegarten, Winterschmuck
Cerastium Hornkraut	○	T	15 Polster	V-VI weiß	*Campanula, Linum*	Mauern, silbernes Laub
Centranthus Spornblume	○	T K+	60 hängend	VI-IX rot, weiß	*Potentilla, Veronica*	sät sich selbst aus
Dianthus Nelke	○	T K+	15 Polster	VI-VIII rot, rosa	*Gypsophila, Thymus, Potentilla*	D. deltoides K-! Heide-garten, Immergrün
Dryas octopetala Silberwurz	○	T K+	10 Matten	V-VII weiß	*Campanula, Gentiana, Gypsophila,* Gräser	Fruchtschmuck, Immer-grün, Flächendecker
Eriophyllum lanatum Wüstengolaster	○	T K+	30 buschig	VI-VIII gelb	*Lavandula, Nepeta, Origanum,* Gräser	silbriges Laub
Erinus alpinus Leberbalsam	○	T K+	10 Matten	V-VIII rosa, weiß	*Iberis, Saxifraga*	sät sich selbst aus
Festuca Schwingel	○ - ◐	T	20-30 buschig	VI-VII	*Achillea, Carlina, Dianthus, Inula*	Winterschmuck, Immergrün
Gentiana Enzian	○ - ◉	f K+	10-15 Matten	V-VII-VIII blau	*Alchemilla, Primula, Leontopodium, Geum*	teilweise Immergrün
Geranium Storchschnabel	○ - ◐	T K+	15 buschig	VI-IX rosa	*Campanula, Silene, Helianthemum*	Herbstfarbe, Langblüher
Gypsophila Schleierkraut	○	T K+	15 Polster	V-VIII weiß, rosa	*Campanula, Linum, Geraniun*	niedrige Arten, Langblüher
Helianthemum (Hybriden) Sonnenröschen	○	T K+	15-20 Halbstrauch	VI-VIII gelb, weiß	*Geranium, Linum, Carlina,* Gräser	Rückschnitt fördert Nachblüte, Immergrün
Heliosperma alpestre Strahlensame	○	T K+	15 buschig	VI-VIII weiß	*Petrorhagia, Veronica,* über Zwiebeln	

Pflanzen für sonnige Standorte

PFLANZEN FÜR SONNIGE STANDORTE

Name	Standort	Boden	Höhe Wuchsform	Blühzeit Farbe	Nachbarn	Bemerkungen
Iberis Schleifenblume	○	T K+	10-20 Polster	III-IV weiß	*Alyssum, Aubrieta, Viola, Tulpen*	Mauer, Immergrün
Inula ensifolia 'Compacta' Zwergalant	○ - ◑	T	20 buschig	VI-IX gelb	*Gentiana, Linum, Origanum*, Gräser	Langblüher
Iris barbata-nana Zwergschwertlilie	○	T	25-30 buschig	IV-V bunt	*Iberis, Phlox subulata, Pulsatilla, Aubrieta*, Gräser	
Koeleria glauca Schillergras	○	T	40 buschig	VI-VII	*Geranium sanguineum, Linum, Pulsatilla*	Winterschmuck, Flächendecker
Lavandula Lavendel	○	T K+	40 Halbstrauch	VII-IX blau, rosa	*Eriophyllum, Sedum, Oenothera, Origanum*	silbriges Laub, Duft, Immergrün
Leontopodium alpinum Edelweiß	○	f K+	15 buschig	VI-VIII weiß	*Gentiana, Saxifraga, Campanula*	Samenstände, silbriges Laub
Linum Lein	○	T	25-30 buschig	V-VII blau, gelb	*Achillea, Potentilla*, Gräser	Mauer
Nepeta fassenii Katzenminze	○	T K+	30 50 Polster	VI-IX lila, blau	*Achillea, Alyssum, Centranthus, Potentilla,*	Heidegarten, Rück- schnitt fördert Nachblüte
Oenothera missouriensis Nachtkerze	○	T K+	15 buschig	VII-IX gelb	*Cerastium, Nepeta, Lavandula, Sedum*	Samen entfernen, Langblüher
Petrorhagia saxifraga Felsennelke	○	T K+	20 buschig	VI-IX rosa	*Campanula, Sedum, Heliosperma*	Mauer
Phlox subulata Polsterphlox	○	T	10 15 Polster	V-VI rot, lila, weiß	*Iberis, Aubrieta, Veronica, Iris*	Mauer, Immergrün
Potentilla Fingerkraut	○	T	5-40 Matten	V-VIII gelb, weiß	*Campanula, Linum, Pulsatilla, Thymus*	Flächendecker
Pulsatilla vulgaris Küchenschelle	○	T	20 buschig	IV-V lila, rot, weiß	*Carlina, Antennaria, Inula, Crocus*, Gräser	Fruchtschmuck
Sedum Fetthenne	○	T	5-40 Matten	IV-IX gelb, weiß	*Dianthus, Thymus, Potentilla, Anaphalis*	teilweise Immergrün, Mauer
Sempervivum Dachwurz	○	T	10-20 Rosetten	VI-VIII gelb, rosa	*Iris, Sedum, Saxifraga*, Gräser	Immergrün, Mauer
Silene Leimkraut	○ ◑	T K+	5-20 Polster	V-VI-X weiß, rosa	*Leontopodium, Sedum, Geranium, Helianthemum*	Mauer
Stipa Federgras	○	T K+	20-40 buschig	VII-VIII	*Carlina, Helianthemum, Origanum*	sehr dekorativ, niedrige Arten
Thymus Thymian	○	T	5-20 Matten	V-IX rosa, weiß	*Carlina, Iris, Alyssum, Pulsatilla*, über Zwiebeln	Mauer, Duft, Immer- grün, Flächendecker
Veronica Ehrenpreis	○	T	10-40 Matten	V-X blau, rot	*Alyssum, Achillea*, über Zwiebeln	Flächendecker, niedrige Arten und Sorten

○ = sonnig ◑ = halbschattig T = trocken F = feucht
◉ = absonnig ● = schattig f = frisch K+/- = kalkliebend/-meidend

Lebensraum Steingarten

Steinbrech.

Elegante Blüten, interessante Blätter

Am schattigen Standort spielt sich nicht das gleiche leuchtende Feuerwerk der Farben ab wie am sonnigen Platz. Steingartenpflanzen, die einen feuchteren, halbschattigen bis schattigen Standort bevorzugen, zeigen sich in dezenter Eleganz.

Zart und elegant wirken diese Schaumblüten.

Funkie.

Dreiblatt.

Schlüsselblume.

Auch Blätter können einer Gartenanlage interessante Aspekte hinzufügen. Dies zeigt sich besonders am schattigen Standort: Farne mit ihren langen oft vielfach eingekerbten Blättern, auf deren Unterseite die Sporen sitzen, die der Vermehrung dienen, scheinen geradewegs aus einem Wald der Urzeit zu kommen. Funkien zeichnen sich durch prachtvoll panaschierte – das heißt grün-weiß, grün-gelb, ja manchmal sogar grünbläulich gemusterte – Blätter aus.

Kleine Herzblume.

Hirschzungenfarn.

Lebensraum Steingarten

PFLANZEN FÜR SCHATTIGE STANDORTE

Name	Standort	Boden	Höhe Wuchsform	Blühzeit Farbe	Nachbarn	Bemerkungen
Ajuga reptans Günsel	○ - ◐	f	15 Matten	IV-V blau, weiß	*Geum, Lysimachia, Prunella, Scilla*	am Wasser, Flächendecker
Alchemilla Frauenmantel	○ - ◐	f	15-30 buschig	Vl-VII gelb	*Campanula, Gentiana, Lysimachia*	Blattschmuck, Flächendecker
Anemone Anemone 🕷	◐	T	15-40 Matten	IV-VI weiß, blau	*Epimedium, Primula, Pulmonaria,* Farne	zieht im Sommer ein, Flächendecker
Arabis procurrens Schaumkresse	◐	T	10 Matten	III-V weiß	*Campanula, Corydalis, Chiastophyllum*	Mauern, Immergrün
Aruncus aethusifolius Zwerg-Geißbart	◉ - ◐	T	30 buschig	V-VI weiß	*Primula, Saxifraga, Polygonum*	hübsches Laub, Herbstfarbe, Samenstände
Astilbe chinensis Astilbe	◐ - ●	f-F	25-40 buschig	VIII-IX rosa	*Lysimachia,* Gräser, Farne	Samenstände, niedrige Arten, Flächendecker
Bergenia (Hybriden) Bergenie	○ - ◐	f	30-40 buschig	IV-V/X rosa,weiß	*Saxifraga,* Gräser, Farne	Blattfärbung, Immergrün
Brunnera macrophylla Kaukasusvergißmeinnicht	○ - ◐	f	40 buschig	IV-V blau	*Doronicum, Primula, Epimedium, Tulipa*	Flächendecker
Corydalis lutea Gelber Lerchensporn	◉ - ◐	T	20 buschig	V-X gelb	*Arabis, Linaria,* Farne	Mauern, Flächendecker
Dicentra eximia Kleine Herzblume	◐	f	20 buschig	V-VII rot,weiß	*Heucherella, Tiarella, Viola,* Gräser, Farne	Laubschmuck
Doronicum orientale Gemswurz, Frühlingsmargerite	○ - ◐	T	25-40 buschig	IV-V gelb	*Brunnera, Tulipa*	zieht im Sommer ein
Epimedium Elfenblume	◐	f-(T)	20 buschig,	IV-V gelb, rot	*Dicentra, Anemone,* Gräser, Farngrün,	Herbstfarbe, Immergrün, Flächendecker
Euphorbia Wolfsmilch 🕷	◐ - ● (○)	T K+	20-50 Matten	IV-V gelb	*Anemone, Geranium*	Laubschmuck, Herbstfarbe
Geranium Storchschnabel	○ - ◐	T	15-40 buschig	VII-IX rot, blau	*Campanula, Alchemilla,* Gräser, Farne, Gehölze	Herbstfarbe, Flächendecker
Geum Nelkwurz	○ - ◐	f	30 buschig	V-VIII gelb, rot	*Heucherella, Viola, Brunnera, Primula*	
Helleborus hybridus Christrose 🕷	◐ - ●	f K+	20-40 buschig	I-V rot, rosa	*Brunnera, Anemone, Primula, Pulmonaria*	Immergrün
Heucherella tiarelloides Kleines Purpurglöckchen	◐ - ●	f	40 buschig	Vl-VIII rosa	*Dicentra, Saxifraga,* Gräser	Herbstfarbe, Flächendecker
Hosta Funkie, Herzlilie	◐ - ●	f	40 buschig	VII-VIII weiß, lila	*Campanula, Astilbe, Primula,* Gräser	Laubschmuck, niedrige Arten und Sorten
Lamium maculatum Gefleckte Taubnessel	◐ - ●	f	15 hängend	V-VIII rot, lila	*Pulmonaria,* Gräser	Laubschmuck Flächendecker
Omphalodes verna *Gedenkmein*	◐ - ●	*f*	*10* Matten	*IV-V* blau, weiß	Dicentra, Primula, Waldsteinia, *Gehölze*	*Flächendecker*
Polygonium affinum Knöterich	○ - ●	f	20 Matten	VII-IX rosa	*Alchemilla, Hosta, Campanula, Inula*	Flächendecker

PFLANZEN FÜR SCHATTIGE STANDORTE

Name	Standort	Boden	Höhe Wuchsform	Blühzeit Farbe	Nachbarn	Bemerkungen
Primula Primel	◑ - ●	f	10-40 buschig	III-VII bunt	*Anemone, Brunnera, Viola, Tiarella, Pulmonaria*	
Prunella grandiflora Braunelle	○ - ◑	f	20 Matten	VII-IX lila, weiß	*Campanula, Inula*	Flächendecker
Pulmonaria Lungenkraut	◑ - ●	f-F	30 buschig	III-IV blau, rot	*Helleborus*, Farne	weißbunte Arten
Saxifraga Steinbrech	○ - ◑	f (T) K+	15-30 Matten	IV-X rosa, gelb	*Omphalodes, Bergenia, Dicentra*, Gräser, Farne	Herbstfarbe, Immergrün
Tiarella Schaumblüte	◑ - ●	f	20 Matten	V-VII weiß	*Aruncus, Dicentra, Primula*, Gräser,	Herbstfarbe, Immergrün, Flächendecker
Trillium Dreiblatt	◑ - ●	f	20-40 buschig	IV-V weiß, rot	*Omphalodes, Waldsteinia*	Laubschmuck
Viola Veilchen	○ - ◑	T	15 Matten	III-IV/V-IX bunt	Sorten untereinander, *Primula*, Gräser	Flächendecker
Waldsteinia Waldsteinie	◑ - ●	T	15 Matten	IV-V gelb	Helleborus, Viola, Pulmonaria	Flächendecker

Gräser und Farne

Name	Standort	Boden	Höhe Wuchsform	Blühzeit Farbe		Bemerkungen
Carex Segge	○ - ◑	f-T K+	15-40 buschig	III-VII	*Helleborus, Lamium, Tiarella*	Flächendecker
Deschampsia cespitosa Waldschmiele	○ - ◑	f	60	VI-VIII buschig	*Hosta, Primula, Saxifraga*	Flächendecker
Luzula Hainsimse	◑	T	20-40 buschig	IV-VII	*Hosta, Heucherella, Prunella, Viola*	Flächendecker
Asplenium trichomanes Steinfeder	◑ - ●	f K+	10 Matten		*Saxifraga, Chorydalis*	Mauer, Immergrün
Blechnum spicant Rippenfarn	◑ - ●	F K-	40 buschig		*Helleborus, Geranium, Pulmonaria*	Flächendecker, Immergrün
Dryopteris Wurmfarn	◑ - ●	f	40 buschig		*Epimedium, Geranium*	niedrige Arten
Phyllitis Hirschzungenfarn	◑ - ●	f-F K+	40 Matten		*Dicentra, Helleborus, Saxifraga*	Mauer Immergrün
Polypodium Tüpfelfarn	●	f K-	20-30 buschig		*Geranium, Pulmonaria, Saxifraga*	Immergrün
Polystichum Schildfarn	◑ - ●	f	30-50 buschig		*Chorydalis, Epimedium*	

○ = sonnig   ◑ = halbschattig   T = trocken   F = feucht
○ = absonnig   ●= schattig   f = frisch   K+/- = kalkliebend/-meidend

Vorbereitung und Pflanzung
Richtige Planung

Was ist schöner als ein Steingarten, der das ganze Jahr über blüht? Um wirklich zu allen Jahreszeiten einen prachtvollen Blickfang im Garten zu haben, ist es nötig, daß Sie sorgfältig planen. Unser Blühkalender hilft Ihnen bei der Auswahl der richtigen Pflanzen.

Foto oben: Zerbrechlich wirken die Blüten der Nelke.
Foto links: Gerade in karger, steiniger Umgebung gedeihen viele Steingartenpflanzen prächtig.

Geländegestaltung

Mit dem Aushub und den Steinen, die beim Hausbau anfallen, lassen sich hervorragend Geländemodellierungen gestalten.

Doch auch in fertig gestalteten Grundstücken können Sie kleinere Veränderungen vornehmen. Durch den Aushub eines Teiches fallen oft ausreichende Erdmengen für einen Steingartenberg an. Ebenso können Sie eingesenkte Sitzplätze schaffen oder terrassenförmige Wege durch geneigte Hänge bauen.

Bei der Entfernung eingewachsener Gehölzgruppen sollten Sie schrittweise vorgehen; so können Tiere andere Unterschlupfmöglichkeiten finden. Einzelne verbliebene Sträucher können im Steingarten für Abwechslung sorgen. Belassene Gehölzgruppen am Rand wirken gut als Hintergrund.

Standortwahl

Die Bodenvorbereitung beginnt mit der Wahl eines geeigneten Standortes. Gute Beobachtung der Gartensituation ist dafür wichtig. Hanglagen sind wunderschönstes, natürliches Steingartengelände. Aber auch ebene Flächen im Vorgarten- oder Terrassenbereich lassen sich wirkungsvoll mit Steingartenstauden bepflanzen.

Bodenvorbereitung

Eine gute Bodenvorbereitung ist die Voraussetzung für eine pflegeleichte Pflanzung.

Bodenuntersuchung: Zuerst sollten Sie die Struktur des Bodens feststellen. Sandboden rieselt durch die Finger, Lehmböden sind klebriger und formbarer, Tonböden sehr fest und oft klumpig. Den Mineralstoffgehalt können Sie mit Hilfe von Prüfsets aus dem Gartenfachhandel untersuchen oder Bodenproben an ein Bodenlabor einschicken. Besonders der Kalkgehalt des Bodens ist für die Staudenauswahl wichtig. Er beeinflußt den pH-Wert, den Säuregehalt. Stark kalkhaltige Böden haben einen pH-Wert über sieben. Saure Böden enthalten weniger oder keinen Kalk. Ihr pH-Wert ist niedriger als sieben. Im pH-Bereich von sieben sprechen wir von neutralen Böden.

Unkrautentfernung: Die gründliche Entfernung aller Wurzelunkräuter ist für die Anlage von Staudenbeeten unerläßlich. Graben Sie Ihre Beete mit einer Grabgabel um und entfernen Sie dabei größere Wurzelgeflechte. Mit dem Spaten würden Sie die Wurzeln unnötig zerstückeln. Bei stark verunkrauteten Flächen ist es günstig, das Beet einige Monate brachliegen zu lassen. Neu aufkommendes Unkraut können Sie so besser ausgraben.

Wichtig: Auch kleinste Wurzelstücke von Quecke, Giersch oder Ackerwinde wachsen zu neuen Pflanzen heran. Sind Unkrautwurzeln mit Staudenwurzeln verquickt, hilft nur noch eine gründliche Neugestaltung mit neuen Stauden. Auch Stauden können zu Unkräutern werden: Unter starkwüchsigen Staudensorten finden sich oft wuchernde Arten, die nur für sehr großflächige Pflanzungen geeignet sind.

Drainage anlegen: Haben Sie stark verdichteten oder tonigen Boden, sollten Sie unbedingt eine Drainageschicht anlegen. Tragen Sie die oberste Bodenschicht zwei Spatenstiche tief ab. In diese Grube füllen Sie eine etwa 10 bis 20 cm dicke Schicht Kies, Schotter oder Ziegelbruch. Dann füllen Sie die abgetragene Humusschicht wieder auf. Sand- und kleinere Schotteranteile können Sie zusätzlich daruntermischen. In einem so vorbereiteten Beet sind die Voraussetzungen für Steingartenpflanzen ideal.

Hinweis: Bei stark sandigen Böden ist das Einbringen einer wasserhaltenden Schicht zu empfehlen. Dazu eignet sich lehmiger Untergrund, der vielleicht beim Ausheben der Baugrube angefallen ist.

Bodenverbesserung: Unter die oberste Bodenschicht sollten Sie als Vorratsdünger Kompost und wenig Hornspäne einarbeiten (→ Seite 51).

Geländegestaltung, Bodenvorbereitung

*A*m einfachsten ist die Gestaltung eines Steingartens beim Bau eines neuen Hauses. Spätere Erdbewegungen oder das Anfahren von Erde sind teuer und manchmal schwer möglich.
Üppig wächst Hornkraut in einem aus architektonischen Elementen gestalteten Steingarten.

Praxis: Steinwahl und Steinlagerung

Die Steine sind neben den Pflanzen die wichtigsten Gestaltungselemente im Steingarten. Sie beeinflussen aber nicht nur das Aussehen, sondern sind Bestandteile der Lebensgemeinschaft. Die natürlichen Verhältnisse in Ihrem Garten sollten Sie bei der Steinauswahl beachten.

Steinauswahl

Es gibt unterschiedliche Steinarten, Steine in verschiedenen Formen und Farben. Wenn Sie Steine aus Ihrer unmittelbaren Wohnumgebung verwenden, können Sie keine Fehler machen. Für kleinere Steingärten können Sie nach Rücksprache mit dem Grundstücksbesitzer Steine von Feldsteinhaufen an Ackerrändern auswählen und meist unentgeltlich mitnehmen. Für größere Anlagen und Trockenmauern sollten Sie sich an einen nahen Steinbruch oder Natursteinfirmen wenden. Größere Mengen Gestein und die Transportkosten sind nicht gerade billig.
<u>Die Steinart</u> wird durch die Bodenverhältnisse bestimmt. Steine verwittern, zerfallen und geben ihre Bestandteile an den Boden ab. Pflanzen zehren von diesen Mineralstoffen im Boden.
• In kalkhaltigen Böden wachsen kalkliebende Pflanzen.
• Basalt, Granit oder Sandsteine haben eine neutrale oder auch saure Bodenumgebung..
Mein Tip: Es ist natürlich möglich, den pH-Wert schwach sauer reagierender Böden durch Verwendung von Kalkgestein zu beeinflussen. Die Pflanzenauswahl ist dann einfach größer. Doch sollte der Boden zusätzlich durch reichlich Kompost- und Kalkzugaben verbessert werden.
<u>Steinformen</u> sollten Sie von der Gestaltungsart Ihres Steingartens abhängig machen:
• Flache Steine für ein Steppenbeet,
• Größere, schön geformte Steinen für Findlingsgruppen,
• flache Steine oder Findlingssteine für Trockenmauern (→ Seite 38),
• Möglichst ebene und rutschfeste Steine für Trittsteine.
<u>Steinfarben</u> richten sich nach den Standortverhältnissen und natürlich nach Ihren Wünschen.
• Helle Steine sehen freundlich aus und sind in Schattengärten sehr zu empfehlen.
• Dunkles Gestein wirkt düster. An stark besonnten Plätzen sind schwarze Steine zusätzlich Hitzespeicher.

1 <u>Steinlagerung</u>: Breite Fläche immer nach unten.

2 <u>Bei Hanggärten</u> ist es besser kleine Stufen einzubauen; von einer schrägen Fläche wird die Erde leicht abgeschwemmt.

Praxis: Steinwahl und -lagerung

3 In Findlingsgruppen müssen Steine etwas in die Erde versenkt werden, um ein Umkippen zu verhindern.

Nicht alle Pflanzen vertragen diese Wärmeabstrahlung.

Steinlagerung
Zeichnung 1

Grundsätzlich gilt: In der Natur liegen Steine immer auf der breitesten Liegefläche (→ Zeichnung 1). Zakkenförmige Steinlagerung ist unnatürlich. Steingruppen verschiedener Größe durchsetzt mit kleineren Pflanzengruppen oder einzelnen Stauden entsprechen natürlichen Vorbildern. Ebenso kann ein größerer Stein teilweise oder fast vollständig von Pflanzen bedeckt sein.

Tips zum Steine setzen
Zeichnungen 2 bis 4

Je nach Steingartenanlage müssen Sie bei der Steinauswahl und -lagerung bestimmte Dinge beachten.
Miniatursteingärten: Für kleinere, ebene Steingartenbeete sollten Sie keine allzu großen Steine verwenden.

Die Aufschüttung eines flachen Hügels ist denkbar.
Hanggärten oder Hangbeete (→ Zeichnung 2): Eine Orientierung am natürlichen Beispiel ist hier besonders wichtig. Schaffen Sie kleine Mulden am Hang für größere Steine, und setzen Sie die Pflanzen später so, als hätten sie den Stein festgehalten. Kleinere Steine können Sie dann zusätzlich herumgruppieren.
Vermeiden Sie so gut es geht schräge Erdflächen. Durch Abstechen von Erdstufen und geschickte Steinlagerung sollten Sie einen natürlichen Hang etwas terrassenförmig anlegen.
Findlingsgruppen: Dafür können Sie auch sehr große Steine auswählen. Die Lagerung sollte ganz natürlich, wie zufällig wirken.
Wichtig: Denken Sie an die Sicherheit! Große Steine sollten etwas ins Erdreich versenkt werden. Ein Umkippen oder Rutschen, besonders nach starken Regenfällen, könnte zur Unfallquelle werden.
Wassersteingärten: Tümpel oder Weiher liegen immer an den tiefsten Stellen eines Geländes. Von der Bewegung des Wassers werden die Steine rund geschliffen. Bizarre oder scharfkantige Steine wirken unnatürlich.
Hohlwege: Hier finden unterschiedlichste Pflanzen ideale Wachstumsbedingungen. Für Steingartenliebhaber sind sie reizvolle Gestaltungselemente.

4 Ein Hohlweg liegt an der tiefsten Stelle des Geländes; nach beiden Seiten steigen Hanggärten an.

Richtige Planung

Sorgfältige Planung führt zum Erfolg

Für die Planung Ihres Steingartens sollten Sie sich etwas Zeit nehmen. Ein gut kombiniertes Steingartenbeet erspart Ihnen unnötige Kosten für teure Stauden, Mißerfolge beim An- und Zusammenwachsen und später häufiges Umpflanzen. Naturnahe und dekorative Stauden sind empfehlenswert. Bei der Vielzahl an möglichen Pflanzen können Sie Ihre Farb- und Gestaltungswünsche berücksichtigen. Natürlich und harmonisch zusammengestellte Staudenkombinationen werden zum Blickfang in jeder Jahreszeit.

Bunte Blütenpracht ist auch sorgfältiger Planung zu verdanken.

Pflanzenlisten zusammenstellen

Zunächst sollten Sie sich die Standortbedingungen in Ihrem Garten ansehen: Wie ist der Boden beschaffen? Ist der ausgewählte Platz sonnig oder schattig?
Wenn Sie diese Punkte geklärt haben, können Sie anhand der Pflanzentabellen auf Seite 14 und 18 Ihre Auswahl treffen. Um Ihnen die Arbeit zu erleichtern, habe ich dort besonders dekorative, willig wachsende Stauden zusammengestellt und Ihnen entsprechende, zum gleichen Lebensbereich passende Nachbarn genannt. In gut sortierten Staudengärtnereien sind diese Sorten meist vorrätig.
Vielleicht haben Sie aber schon einige Pflanzen in Ihrem Garten, oder Sie können von Freunden oder Nachbarn Stauden bekommen. Manch einer hat besondere Pflanzenlieblinge, die er gern in seinem Garten haben möchte. Dann empfehle ich Ihnen eine Auswahl nach Nachbarschaftsverhältnissen, die ebenso den natürlichen Lebensbereichen entspricht. Hier geben auch gute Kataloge Auskunft. Jede Pflanze hat passende Nachbarn, die zusammen besonders gut wirken, vielleicht durch gleiche Blühzeit, harmonische Blühfarben oder attraktive Blattstrukturen. Viele Nachbarschaften entsprechen auch natürlichen Verhältnissen. Die Nachbarn haben nun wiederum Nachbarn, und so weiter. So bekommen Sie schnell eine umfangreiche Pflanzenliste zusammen.
Schreiben Sie sich nun alle Stauden auf, die für Ihr Beet nötig sind und die Ihnen gefallen. Fügen Sie Blühzeit, Blütenfarbe, Wuchshöhe und -form hinzu. Polster- und Mattenstauden sowie höhere und buschig wachsende Arten sollten gleichermaßen je nach Größe Ihres Beetes vorhanden sein.

Pflanzpläne

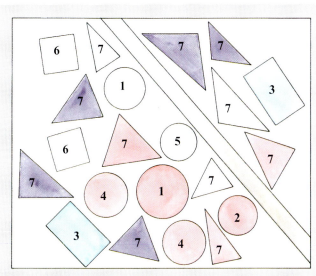

Pflanzplan zum Foto auf Seite 26
Symbole und Farben (Farben entsprechen den Blühfarben):
Quadrat: Blühzeit von März bis Mai.
Rechteck: Blühzeit von Mai bis Anfang Juli.
Kreis: Blühzeit von Juni bis August
Dreieck: Blühzeit von August bis Oktober.

1 Nelke (Dianthus gratianapolitanus), 2 Thymian (Thymus citriodorus 'Golden Dwarf'), 3 Glockenblume (Campanula carpatica), 4 Grasnelke (Armeria maritima), 5 Katzenpfötchen (Antennaria parviflora), 6 Schleifenblume (Iberis saxatilis), 7 Thymian (Thymus serphyllum).

Pflanzpläne erstellen

So wird's gemacht:
• Zuerst zeichnen Sie sich eine Beetskizze, möglichst maßstabsgerecht. Vermerken Sie Himmelsrichtung und Hangneigung des Geländes.
• Schneiden Sie aus Buntpapier in den entsprechenden Blühfarben die Symbole für die Stauden in verschiedenen Blühzeiten (→ Zeichnung links) aus. Die Größe der Symbole sollte den Platzansprüchen auf dem Beet angepaßt werden.
• Schreiben Sie die Pflanzennamen darauf.
• Schieben Sie die bunten Papierstückchen hin- und her, bis Sie für jede Pflanze den richtigen Platz gefunden haben.
• Befestigen Sie die Symbole auf Ihrer Beetskizze.
Ihr Pflanzplan ist fertig.
Hinweis: Beachten Sie die Aufteilung der Pflanzen in Leitstauden, begleitende Stauden und Füllpflanzen (→ Seite 28). Das ganze Jahr über ordentlich bleibende Stauden – das sind immergrüne und auch herbstblühende Arten – sind dabei mehr im Vordergrund zu verwenden.
Mein Tip: Stecken Sie Ihren Pflanzplan in eine Klarsichthülle. Er ist Ihr wichtigstes Hilfsmittel bei der Pflanzung.

Ordnen nach Blühzeit und -farbe

Diese Pflanzenliste ordnen Sie nun in eine Tabelle ein, die der Form des Blühzeitkalenders entspricht (→ Seite 30). Auch Besonderheiten der Stauden sollten Sie vermerken und nun Ihre Auswahl treffen. Fehlt in einer Blühzeit ein Farbtupfer können Sie zusätzlich Stauden ergänzen. Haben Sie zu viele ähnliche Arten, lassen sich in den Pflanzenlisten bestimmt andere Nachbarn finden.

Praxis:
Kauf und Pflanzung

Pflanzenbedarf
Zeichnung 1

Für die Pflanzenanzahl pro Quadratmeter finden Sie Richtzahlen in Pflanzenkatalogen oder erhalten Beratung im Fachhandel. Falls Sie sich aus Kostengründen – viele Steingartenstauden sind nicht billig – mit einer geringeren Anzahl begnügen, brauchen Sie mehr Geduld. Einjährige Sommerblumen sind in den ersten Jahren preiswerte Lückenfüller.
Die Geselligkeitsansprüche der Stauden sollten Sie berücksichtigen (→ Zeichnung 1). Sie ergeben sich aus dem Verhältnis Leitstaude (höchste Pflanze) : zugeordnete Stauden (niedrigere Arten) : flächendeckende Stauden oder Füllstauden. Während Sie von Leitstauden nur einzelne Exemplare benötigen, brauchen Sie von zugeordneten Stauden und Füllstauden immer eine größere Stückzahl. Beim Plan Ihres Beetes können Sie so den Pflanzenbedarf abschätzen.

Einkaufstips

In einer Staudengärtnerei werden Sie meist sachkundige Beratung finden.
Doch sollten Sie auch selbst auf einige Dinge achten:
• Nehmen Sie nur gut beschilderte Pflanzen. Unter unetikettierten oder unzureichend beschrifteten Stauden verbergen sich häufig wuchernde Arten, die bald den Rahmen Ihres Steingartens sprengen.
• Achten Sie auf Schädlingsbefall, Krankheiten oder stark verunkrautete Erde. Sie sind Zeichen für schlechte Unterbringung oder Versorgung.
• Schauen Sie sich auch das Pflanzsubstrat an. In reinem Torf gezogene Pflanzen stammen häufig aus Massenanzuchten. Sie passen sich oft nur schwer an fremde Lebensbedingungen im Garten an.

Pflanzzeit

Generell können Stauden in Containern das ganze Jahr gepflanzt werden. Nur bei gefrorenem Boden und großen Hitzeperioden im Sommer ist vom Pflanzen abzuraten.
Die besten Pflanzzeiten für die Neuanlage von Steingärten sind das Frühjahr und der Herbst.
Dabei sollten Sie im Frühjahr an Spätfröste denken und neugepflanzte Stauden notfalls etwas abdecken. Im Herbst sollten Sie keinen zu späten

1 Leitstauden, die höchsten Pflanzen, setzen einen deutlichen Akzent. Dazu kommen etwas kleinere Begleitstauden. Freie Flächen werden mit Füllstauden besetzt.

Praxis: Kauf und Pflanzung

Pflanzzeitpunkt wählen. Das Anwachsen der Pflanzen sollte bis zu den ersten starken Frösten abgeschlossen sein.
Wählen Sie einen trüben Tag, vielleicht nach einem Regen. Die Erde ist dann locker und läßt sich leichter um die Pflanze drükken; stark durchnäßtes Erdreich ist, vor allem bei schweren Böden, ungeeignet.

Wie wird gepflanzt?
Zeichnungen 2a bis d

Stellen Sie die Stauden zuerst in ein Tauchbad (→ Zeichnung 2a). So können die Wurzelballen sich richtig vollsaugen.
Nehmen Sie dann Ihren Pflanzplan und verteilen die Pflanzen noch in den Töpfen auf dem gut vorbereiteten Beet. Auf der Skizze eventuell falsch berechnete Platzansprüche können Sie so nachträglich noch korrigieren.
Beim Pflanzen gehen Sie in der Reihenfolge Leitstaude, zugeordnete Staude, Füllstaude vor. Setzen Sie die Stauden nicht in eine Reihe, sondern stellen Sie lockere Pflanzengruppen zusammen. Achten Sie darauf, zwischen den Stauden einer Sorte, die zusammengepflanzt werden, entsprechende Pflanzabstände einzuhalten.
• Lockern Sie den festen Wurzelballen vorsichtig etwas auf (→ Zeichnung 2b).
• Graben Sie nun ein ausreichend großes Pflanzloch.
• Feuchten Sie die Erde leicht an und setzen dann die Staude ein (→ Zeichnung 2c).
Wichtig: Setzen Sie die Pflanzen nicht tiefer als sie im Container standen.
• Drücken Sie die Erde um die Wurzelbasis fest und gießen Sie dann gründlich an (→ Zeichnung 2d).
• Nach dem Gießen müssen Sie eventuell die Erde nochmals festdrücken.
Prüfen Sie nun täglich die Feuchtigkeit der Erde rings um die Pflanze. Nur bei Trockenheit sollten Sie gießen. Auch zuviel Wasser kann Ihren Pflanzen schaden. Kleine neue Blättchen geben Ihnen Auskunft über das Wohlergehen Ihrer Pflanzen – die Stauden sind angewachsen. Wenn Sie im Herbst pflanzen müssen Sie oft auf den Neuaustrieb im Frühjahr warten.
Mein Tip: Lassen Sie bei einer Neuanlage die Pflanzetiketten am Pflanzplatz stecken. So können Sie auch kleinste Sorten wiederfinden. Auch Ihren Pflanzplan sollten Sie sich aufheben und eventuelle Veränderungen notieren.

2a Bei einem Tauchbad kann sich der Wurzelballen vollsaugen.

2b Vor dem Einpflanzen wird der Wurzelballen aufgelockert.

2c Nach dem Einsetzen wird die Erde angedrückt.

2d Die frisch gesetzte Pflanze wird gründlich gewässert.

Richtige Planung

Blühzeitkalender

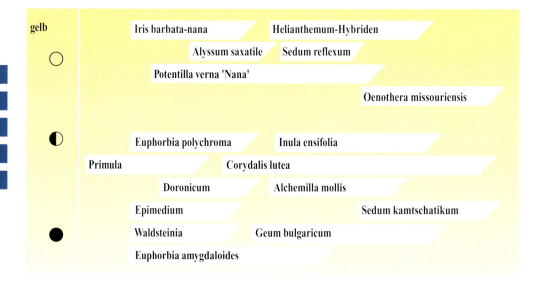

Blühzeitkalender

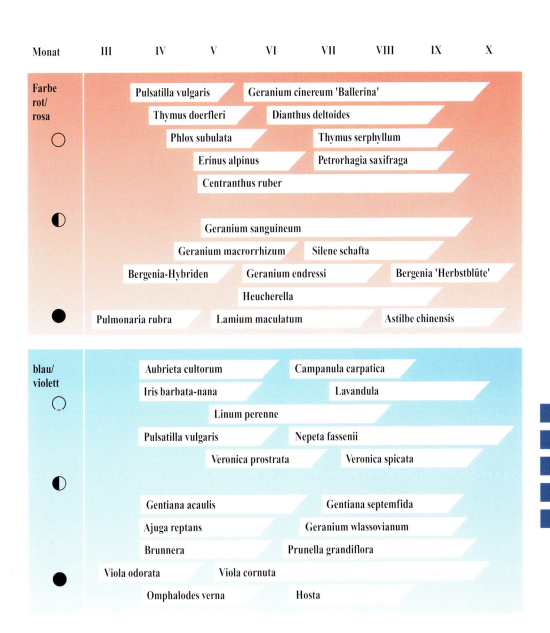

Möglichkeiten der Gestaltung

Ideen-Vielfalt

Ein Steingarten läßt sich in jedem Garten anlegen: am sonnigen oder schattigen Platz, auf großer oder kleiner Fläche. Und wenn Sie Ihrem Steingarten noch eine besondere Note geben wollen, können Sie ihn am Bach oder Teich gestalten. Eine romantische Atmosphäre zaubern Ihnen Duftpflanzen.

Foto oben: Glockenblume (Campanula aucheri)
Foto links: Ein farbiges I-Tüpfelchen setzt der Mohn auf diese Trockenmauer.

Miniatursteingärten

Im Eingangs- und Terrassenbereich ist gerade bei kleinen Gärten der Platz oft begrenzt. Hier können auch kleine Steingartenbeete mit attraktiven Blättern und Blüten zum Blickfang werden.

Besonderheiten kleiner Beete

Solche Beete sieht der Betrachter meist aus der Vogelperspektive. Kleine Steingärten sind aber auch von allen Seiten zugänglich und können so ganz unterschiedliche Farbspiele und -harmonien zeigen. Höhepunkte für jede Jahreszeit lassen sich gut gestalten. Damit das Beet auch im Winter nicht langweilig wird, sollten Sie auch immergrüne Arten, vielleicht mit hübschen Samenständen, wählen.
Lange oder öfter blühende Stauden, die von allen Seiten dekorativ aussehen, sind in kleinen Beeten besonders zu empfehlen. Mit den folgenden Arten können Sie ein andauerndes Blühen in vielen Blütenfarben erreichen:
• Am sonnigen Standort: Storchschnabel-Arten (*Geranium cinereum, G. sanguineum*), Schleierkraut, Frühlingsfingerkraut, Spornblume.
• Im Halbschatten oder Schatten: Lerchensporn, Hornveil-

chen, Gefleckte Taubnessel (*Lamium maculatum* 'Silbergroschen').
Eine zweite Blüte im Spätsommer oder Herbst nach einem Rückschnitt haben: Sonnenröschen, Glockenblume (*Campanula portenschlagiana*), Heidenelke, Grasnelke.
Auf kleinem Raum empfehle ich Ihnen möglichst zierliche Arten, die sich mit anderen gut vertragen. Diese Staudenzwerge wachsen meist sehr langsam. Mit einer größeren Anzahl Pflanzen können Sie auch schon im ersten Jahr reichen Pflanzen- und Blütenschmuck erreichen. Drei Stauden einer Art, mit den richtigen Pflanzabständen zusammengepflanzt, sorgen für einen dichten, üppigen Pflanzenteppich. Geduldigere Gärtner können sich mit je einer Pflanze begnügen. Die finanziellen Möglichkeiten spielen natürlich auch eine Rolle. Gerade kleine, schwach wachsende Arten sind nicht immer ganz billig. Freibleibende Lücken lassen sich geschickt mit zierlichen einjährigen Sommerblumen, zum Beispiel Steinkraut, Schleifenblume oder Männertreu füllen.

Gestaltungsideen für Ministeingärten

Einige Pflanzbeispiele für alle Jahreszeiten sollen Sie zu eige-

nem Gestalten anregen. Pflanzengruppen, die gleichzeitig blühen, und Kombinationen von Stauden, die in verschiedenen Jahreszeiten zum Blickfang werden, können Sie je nach Größe und Art Ihres Beetes zusammenstellen.
Ein Hochbeet, vielleicht direkt in die Terrasse einbezogen, ist eine hübsche Möglichkeit, einen kleinen Steingarten anzulegen. In der Sonne gelegen, sind hier besonders trockenheitsverträgliche Pflanzen anzusiedeln.
Pflanzbeispiele:
• Miniaturheidegarten
Für einen Miniaturheidegarten wählen Sie verschiedene Heidearten, vor allem die immergrünen *Erica-carnea-* und *Erica-tetralix-*Sorten. Besenheide-Arten pflanzen Sie einzeln dazwischen, da sie im Frühjahr weniger ordentlich aussehen. Kombinierbare Stauden sind Küchenschelle, Thymian, Heidenelke, Katzenpfötchen, Perlkörbchen sowie Gräser.
Wichtig: Achten Sie auf gute Drainage und kalkfreien Boden. Besenheide und *Erica tetralix* vertragen keinen Kalk.
• Geröllbeet
Bei einem Geröllbeet verzichten Sie auf Heidearten. Statt dessen verwenden Sie andere trockenheitsverträgliche Stauden wie Wüstengoldaster, Sonnenröschen, Lavendel, Alant. Als Bodendecker sind verschiedene Fetthenne-Arten gut

Miniatursteingärten

geeignet. Solch ein Beet können Sie auch auf kalkhaltigem Boden anlegen.
Kleine blühende Inseln können großen Plattenterrassen ein abwechslungsreiches Aussehen geben. Unterbrechen Sie einfach an einigen Stellen die Pflasterung oder entfernen Sie große einzelne Platten. Die Stauden wachsen dann über die Steine hinaus, eckige Konturen werden verwischt, alles wirkt spielerisch und romantisch. Einige Hungerkünstler werden sich dann auch ganz von selbst in schmalen Fugen ansiedeln und so auch kahle Stellen zum Blühen bringen.
Pflanzbeispiele:
• Frühling – Schleifenblume (*Iberis saxatilis*), Küchenschelle, Enzian (*Gentiana acaulis*), Primel.
• Frühsommer – Schleierkraut (*Gypsophila repens*), Sonnenröschen, Storchschnabel (*Geranium cinereum*).
• Sommer – Edelweiß, Fetthenne (*Sedum album*), Thymian (*Thymus serphyllum*), Gräser.
• Herbst – Silberdistel, Alant (*Inula ensifolia*), Fetthenne (*Sedum cauticulum*).
Findlingsgruppen oder ein größerer einzelner Stein wirken auch sehr anziehend. In einer Rasenfläche, umgeben von Gräsern, Farnen oder auch blühenden Stauden sieht das ganz natürlich aus.
Mein Tip: Wählen Sie Steine mit Mulden oder Vertiefungen, die Sie auch noch bepflanzen können.
Pflanzbeispiele:
• Sonniger Standort
Auf den Stein passen Dachwurz, Fetthenne-Arten, Polsterthymian, Felsennelke, Strahlensame. Zwischen oder neben die Steine passen Gräser, Lavendel, Sonnenröschen, Spornblume, Lein, Katzenminze.
• Schattiger Standort
In feuchten Mulden auf dem Stein wachsen Steinbrech-Arten, Lerchensporn, Leinkraut (*Linaria cymbalaria*), Farne. Größere Farne kombiniert mit Herzblume, Zwerg-Geißbart, Bergenie sehen am Fuß der Steine wirkungsvoll aus.

Ein Tuffstein, in bunten Farben bepflanzt, ist ein hübscher Blickfang.

Sonnige Hanglage

Um schnell pflegeleichtes Grün zu haben, werden sonnige Hänge viel zu oft mit starkwachsenden Arten wie Zwergmispel oder Fingerstrauch bepflanzt. Auf längere Zeit sind solche Bepflanzungen jedoch weder schön noch pflegeleicht. Nur ein rigoroses Vorgehen mit Schere und Säge kann ein wenig Ordnung im entstehenden Gestrüpp schaffen. Unmengen an Astschnitt fallen an, die das Maß jeden Komposthaufens sprengen.

Sonnige Hänge, bepflanzt mit bunten Steingartenpflanzen, könnten viel mehr Abwechslung in unsere Wohnsiedlungen bringen. Zwei Möglichkeiten der Hanggestaltung bieten sich an: Natürlicher Hang und architektonischer Hang (→ Seite 43).

Natürlicher Hang

Eine natürliche Gestaltung nach dem Vorbild eines sonnigen Gebirgshanges ist bei leicht geneigten Hängen durchaus möglich. Die Wurzeln der Pflanzen werden in Verbindung mit kleineren und größeren Steinen das Erdreich bald festhalten.

Hinweis: Denken Sie bei der Anlage auch an die spätere Pflege. Flache Natursteinplatten, die sich harmonisch einfü-

gen, sind als Trittsteine für Pflegearbeiten sehr nützlich (→ Steinlagerung, Seite 42; → Treppen und Wege, Seite 43).

Pflanzbeispiel in bunten Farben:

Für eine flächige Bepflanzung an sonnigen Hängen ist diese in allen Farben blühende Kombination sehr hübsch: Küchenschelle in Rot, Weiß, Violett; Wildtulpen; Krokusse; Thymian (*Thymus doerfleri*); Steinkraut; Ehrenpreis (*Veronica prostrata*) in Weiß, Blau; Sonnenröschen in Weiß; Gelb; Rot; Glockenblume (*Campanula carpatica*) in Blau, Weiß; Zwergalant; Silberdistel (*Carlina acaulis*), Thymian (*Thymus serphyllum*) in Rot, weiß; Ehrenpreis (*Veronica spicata*), Gräser.

So wirds gemacht:

• Verteilen Sie die höheren Arten wie Sonnenröschen, Zwergalant, Ehrenpreis (*Veronica spicata*) einzeln oder in kleinen Gruppen zuerst auf der Fläche.

• Silberdistel und Küchenschelle ordnen Sie einzeln diesen zu. Steinkraut und Glockenblume sehen neben größeren Steinen sehr dekorativ aus.

• Flächendeckende Thymian und Ehrenpreis pflanzen Sie in größeren Gruppen über die Blumenzwiebeln. Sie werden bald die Erde ganz bedecken und auch viele Steine mit bunten Blütenpolstern zieren.

Zierliche Gräser sorgen auch im Winter neben den Samenständen der Silberdistel und immergrünen Stauden für lebendige Akzente.

Für großflächigere Pflanzungen bringen höhere Stauden noch mehr Abwechslung in Ihre Hanggestaltung. Folgende Arten, die zu den Beetstauden gerechnet werden, passen ebenso in sonnige Steinanlagen: Flockenblumen, Margeriten, Feinstrahlastern, Sommerastern, Kissenastern, Mädchenauge, Salbei-Arten, Strandflieder, Sonnenhut.

Auch kleinwüchsige Blütensträucher und Zwergkoniferen eignen sich zur Auflockerung größerer natürlicher Hänge. Zwergberberitzen, Sommerflieder, Ginsterarten, Bartblume, Blauraute, Johanniskraut, Spiersträucher, Wacholderarten oder Zwergkiefern sind passende Kleinsträucher. Diese farbenfreudigen Gestaltungen verlangen einen möglichst ruhigen Hintergrund. Im Vorgartenbereich sind neutrale Hauswände ideal. Aber auch vor regelmäßigen Hecken kommt die bunte Farbenvielfalt gut zur Geltung.

Für kleinere Hangpartien wirken zweifarbige Staudenzusammenstellungen ruhiger und ebenso reizvoll.

Pflanzbeispiel in Rot-Gelb:

Vor dunklen Nadelgehölzen heben sich Pflanzen in leuchtenden Farben gut ab.

Sonniger Standort

An einem sonnigen Hang gibt es das ganze Jahr üppigste Blütenpracht.

- Frühling – Phlox (*Phlox subulata*) in Rot, Steinkraut in Gelb.
- Frühsommer – Nelke (*Dianthus grationapolitanus*) in Rot, Leinkraut (*Linum flavum*) in Gelb.
- Sommer – Fingerkraut (*Potentilla atrosanguinea* 'Gibson Scarlett') in Rot, Sonnenröschen in Gelb.

Kombinieren können Sie mit Mädchenauge und Sonnenhut sowie Ginster- und Berberitzen-Arten.

<u>Pflanzbeispiel in Blau-Lila-Weiß:</u>
Pflanzen mit silbrigem Laub und pastellfarbigen Blüten zaubern Romantik in Ihren Garten. Außerdem täuschen sie auf kleinstem Raum optische Weite vor.

- Frühling – Blaukissen in Blau, Gänsekresse in Weiß.
- Frühsommer – Hornkraut in Weiß.
- Sommer – Katzenminze in Blau, Spornblume (*Centranthus ruber* 'Albus') in Weiß.
- Herbst – Perlkörbchen in Weiß.

Passende Gehölze und Stauden sind Blauraute und Bartblume, Salbei-Arten, Strandflieder und Kugeldistel, Palmlilie und höhere Gräser.

Praxis: Trockenmauer setzen

Trockenmauern sind immer reizvolle Schmuckstücke im Garten, egal ob sie freistehen (→ Zeichnung 1) oder einen Hang stützen (→ Zeichnung 2). In ihren Ritzen fühlen sich viele Steingartenpflanzen wohl. Kleinstlebewesen finden Plätze zum Sonnen und Verstecken.

Vorbereitung

Bauzeitpunkt ist das zeitige Frühjahr oder der Herbst. Im Herbst ist ein leichter Winterschutz aus Fichtenreisig empfehlenswert.

Material:
- Flache Steine lassen sich am leichtesten zu Mauern zusammenfügen. Ein größerer Vorrat ist empfehlenswert, damit Sie aus einer größeren Auswahl die Steine harmonisch zusammenstellen können. Kleinere Steine lassen sich als Füllmaterial für Ritzen und Spalten verwenden. Auch aus Findlingssteinen in ganz verschiedenen Formen können Sie Mauern bauen. Mit etwas Geduld lassen sich wie beim Puzzlespiel die Steine miteinander verbinden.
- Als Bindematerial für eine Trockenmauer kommen Mörtel und Zement nicht in Frage. Eine Mischung aus zwei Drittel Lehm oder lehmiger, auch toniger Gartenerde und einem Drittel Kuhmist ist das beste Bindemittel. Diese Mischung läßt sich leicht feucht am besten verarbeiten.

Mein Tip: Abgetrocknete Kuhfladen von der Weide sind besser geeignet als Stallmist, der zuviel Stroh enthält und dadurch die Stabilität gefährdet. Der Bauer wird Ihnen das Absammeln sicher erlauben.
Falls Sie sich keinen Kuhmist beschaffen können, sind käufliche Rinderdungsubstrate als Ersatz möglich. Kuhmist ist ein gutes Bindemittel und dient als Vorratsdünger für die Mauerpflanzen.
- Die Pflanzen sollten beim Mauerbau schon vorrätig sein. Ein späteres Einsetzen ist ungünstig, da sich längere Wurzeln nur schwer durch die Steine drücken lassen. Sie sollten Steine und Pflanzen in einem Arbeitsgang zusammenfügen.

Fundament der Trockenmauer

Bei einer maximalen Höhe von nicht mehr als 1 m können Sie Trockenmauern auch ohne Zementfundament bauen.
- Entlang einer Schnur, die den Mauerverlauf markiert, schachten Sie einen

1 Freistehende Trockenmauer: Sie wird nach beiden Seiten angeschrägt.

2 Anlehntrockenmauer: Auch sie braucht ein gutes Fundament.

Praxis: Trockenmauer

3 Unregelmäßige Steine lassen sich wie ein Puzzle zusammensetzen. Vermeiden Sie Kreuzfugen.

4 Pflanzen tief zwischen die Steine schieben.

Graben aus. Für eine 1 m hohe Mauer genügen eine Breite von 50 cm und eine Tiefe von 30 bis 50 cm. Sehr flache Mauern sind auch ohne Fundament möglich.
• Bei Sandböden sollten Sie als Untergrundbefestigung eine Schotterschicht einbringen. Auch bei sehr schweren Böden ist eine Kies- oder Schotterschicht als Drainage empfehlenswert.
• Beginnen Sie mit dem Bau der Mauer schon unter der Erdoberfläche. Verwenden Sie hierzu möglichst größere Steine, die der Mauer den nötigen Halt verleihen.
• In die Ritzen füllen Sie lehmige Erde, die Sie mit einem scharfen Wasserstrahl einschlämmen. Kuhmist ist im Fundament noch nicht notwendig. Luftlöcher könnten später zum Abrutschen führen.

Die eigentliche Mauer
Zeichnungen 3 und 4

• Für die untersten Schichten sollten Sie die größten Steine auswählen.
• Vermeiden Sie Kreuzfugen. Wie bei jedem Hausbau, sollten die Steine versetzt angeordnet werden (→ Zeichnung 3).
• Der Mauerquerschnitt ist aufgebaut wie ein Kegelstumpf. Anlehntrockenmauern sind gegen den Hang geneigt. Die Schräge beträgt 15 Prozent; auf einem Meter Mauerwerk sollte die Mauer fünfzehn Zentimeter gegen den Hang abfallen.
• Die Fugen verlaufen ebenso schräg abfallend gegen den Hang oder zum Mauerzentrum.
• Das Zentrum freistehender Trockenmauern füllen Sie mit Schotter, kleinen Steinen und Erde auf. Anlehnmauern werden in gleicher Weise hinterfüttert.
• Freistehende Mauern sollten auf der Mauerkrone eine Vertiefung haben. Sie dient als Wasserreservoir.
• Während des Bauens setzen Sie die Pflanzen ein.
• Wählen Sie je nach Pflanzenart, Wachstumsbedingungen und Standortansprüchen passende Fugen und Standorte im Mauerverlauf aus. Am Mauerfuß ist es kühler und feuchter als im Bereich der Mauerkrone. Die Wurzelballen, die Sie etwas aufgelockert haben, umgeben Sie mit Erde und schieben Sie möglichst in den hinteren Mauerbereich (→ Zeichnung 4).
• Für die oberste Mauerschicht sollten Sie stabile, breitflächige Steine verwenden. Eine freistehende Trockenmauer kann den Zaun ersetzen oder Gartenräume teilen.

Pflanzbeispiel:
• Sonnige Seite – Blaukissen, Steinkraut, Thymianarten, Polsterphlox, Polsternelke, Schleierkraut.
• Schattige Seite – Steinbrecharten, Lerchensporn, Glockenblume (Campanula poscharskyana), Storchschnabel-Arten, Veilchen, kleine Farne.
• Mauerkrone – Dachwurzarten, Fetthenne-Arten, Edelweiß, Grasnelke, Schafgarbe, Gräser.

Schattensteingarten

Auch Gärten haben Schattenseiten. Das bedeutet jedoch nicht, daß solche oft versteckten Winkel weniger schön sein müssen. Gerade in heißen Sommerwochen können Schattenplätze zum beliebtesten Familientreffpunkt werden. Wie wäre es mit einem kühlen Sitzplatz an der Nordseite Ihres Hauses? Im Sommer, wenn die Sonne schon im Nordosten aufgeht, ist hier ein idealer Frühstücksplatz. In den Abendstunden können Sie hier oft die letzten Sonnenstrahlen genießen.

Schattenliebende Pflanzen kombinieren

Auch im Reich der Stauden gibt es viele Liebhaber von weniger besonnten Plätzen. Pflanzen, die an der Nordseite der Berge wachsen, gedeihen auch an der Schattenseite eines Gebäudes.
Im Schatten bleibt der Boden länger feucht; zusätzlich sorgt die Verwendung von Steinen für die Bodenfrische, die viele Schattenbewohner besonders lieben. Eine Trockenmauer ist auch im Schattengarten möglich.
Wenn bei Hitze viele Blumen in der Sonne schlapp, oft welk aussehen, sind Schattenstauden frisch und grün; dies entschädigt für die oft dezenteren Farben.
Kleine Tümpel, die zusätzlich für höhere Luftfeuchtigkeit sorgen, vermehren die Gestaltungsmöglichkeiten.
Viele Gräser und Farne gedeihen nur im Schatten. Auch hier gibt es zarte, steingartenwürdige Arten.
Schattenverträgliche Gehölze sind für größere Steingärten unentbehrlich. Zu ihnen zählen Kriech- und Kletterspindelarten, Efeu, Stechpalme, Lorbeerrose, Ranunkelstrauch, Mahonie, Rhododendronarten, Liguster, Schneeball und Eibe. Immergrüne Arten können als Hintergrund oder Sichtschutz in Steingärten Verwendung finden. Kombiniert mit sonnenverträglicheren Arten, können sie harmonisch in andere Gartenteile überleiten.
Viele Zwiebelblüher können den Boden unter den Gehölzen zusätzlich beleben, zum Beispiel Winterling, Schneeglöckchen, Scilla. Auch höhere Stauden sind in großen Steingärten zum Kombinieren geeignet, zum Beispiel Eisenhut, höhere Astilben, Fingerhut, Geißbart, hohe Glockenblumen, Silberkerze und Akelei.
<u>Pflanzbeispiel:</u> Trockenmauer im Schatten
• Frühling – Schaumkresse, Gedenkmein.
• Frühsommer – Gelber Lerchensporn, Glockenblume (*Campanula poscharskyana*).
• Sommer – Leinkraut, Storchschnabel (*Geranium endressi*).
• Herbst – Braunelle, Astilbe.
• Winter – immergrüne Stauden, Farne.
<u>Pflanzbeispiel:</u> Blattspielereien im Schatten
Versuchen Sie einmal eine Gestaltung mit unterschiedlichen Blattfarben und -strukturen. Gerade panaschiertes, also weiß- oder gelbbuntes Laub, ist die besondere Zierde einiger Schattengewächse. Stauden oder Kleinsträucher mit weißen, zartrosa, zartlila oder auch gelben Blütenfarben können Ihrem Schattenreich vornehme Eleganz verleihen.
• Stauden mit panaschiertem Laub – Funkien (*Hosta undulata, H. fortunei* 'Aurea'), Gefleckte Taubnessel (*Lamium maculatum* 'White Nancy'), Lungenkraut (*Pulmonaria officinalis* 'Sissinghurst White'), Steinbrech (*Saxifraga umbrosa* 'Aureopunctata').
• Kleinsträucher mit panaschiertem Laub – Spindelstrauch, Efeu (*Hedera helix* 'Goldherz'), Immergrün (*Vinca major* 'Variegata').
• Weiß- oder gelbblühende Stauden mit schönen Blättern und teilweise auch bunter Herbstfärbung – Frauenmantel, Zwerg-Geißbart, Gelber Lerchensporn, Kleine Herzblume, Christrose, Dreiblatt (*Trillium grandiflorum*), Hornveilchen (*Viola cornuta* 'White Perfection'), Gräser und Farne.

Auch an schattigen Plätzen sind traumhafte Steingärten möglich.

Ideen-Vielfalt

Gestaltung von Treppen und Wegen

Durch blühende Wege und Treppen können Sie Ihrem Garten eine individuelle Note verleihen.

Rasenkantenwege bestehen aus versenkten Natursteinplatten, die Staudenbeete zum Rasen hin abgrenzen. In den Ritzen sorgen trittfeste Fugenpflanzen, die auch einen zeitweiligen Schnitt nicht übelnehmen, für den harmonischen Übergang von Blumen zur Rasenfläche. Über die Steine sollten Sie problemlos mit dem Rasenmäher fahren können.

Auf ausgebauten Trittsteinpfaden durch Steingärten oder Staudenbeete können Sie Düfte und Farben genießen. Solche Wege sind aber ebenso Arbeitswege zur regelmäßigen Pflege.

Verbindungswege, etwa zu Sitzplätzen oder anderen Gartenteilen, werden auch in leicht geschwungener Form ihrem Zweck gerecht. Kurven um Erdhügel oder Hecken versprechen manche Überraschungen.

Mit Hohlwegen können Sie ein hangförmiges Gartengelände wirkungsvoll unterteilen (→ Seite 25).

Kurze Treppenpartien innerhalb der Wege sind im Hanggelände empfehlenswert. Schräge Wege werden an Regentagen oder auch im Winter glatt und gefährlich.

Eine Treppe aus Natursteinen mit Enzian, Wolfsmilch und Steinbrech.

Bauweise

Da regelmäßig gepflasterte Wege mehr Vorbereitung und Arbeitsaufwand erfordern (Literatur, die weiterhilft, → Seite 62), soll hier nur die Bauweise von unregelmäßigen Natursteinpfaden beschrieben werden. Etwas Vorarbeit ist aber auch für Steingartenwege notwendig.

- Wählen Sie möglichst ebene, flache Steine, die sich gut verlegen lassen. Auch auf ausreichende Trittfestigkeit und Stabilität müssen Sie unbedingt achten.
- Markieren Sie Ihren Wegverlauf mit Holzpflöcken und legen Sie die Steine probeweise aus.
- Bedenken Sie die Wegbreite. Pflanzen dürfen den Weg nicht

überwuchern, und ihn unbegehbar machen.
• Je nach Höhe der Steine heben Sie den Boden 20 bis 40 cm tief aus. Die Steine sollten später bündig mit dem Erdboden abschließen, damit keine Stolperfallen entstehen.
• In diese Grube, die Sie gut feststampfen, geben Sie erst eine Schicht groben Kies oder Splitt. Auch diese Schicht muß gut festgetreten werden.
• Anschließend verlegen Sie Ihre ausgewählten Steine in einem Sandbett. Die Ritzen können mit Erde aufgefüllt werden. Es sollte wiederum gut festgeklopft werden.
• An die Ränder des Weges können Sie nun Ihre Fugenpflanzen setzen, die bald alle Ritzen und auch die Steine selbst begrünen werden.
Treppen:
• Natursteintreppen sollten ebenso wie Wege unterfüttert werden. Die Art der vorhandenen Steine bestimmt dabei die Bauart.
• Eine einfache Formel, von Fachleuten entwickelt, bestimmt Stufenbreite und -höhe: Stufenhöhe mal zwei plus Auftrittsfläche gleich 63 bis 65 cm. Diese 63 bis 65 cm entsprechen dem normalen Schrittmaß. Für eine Stufenhöhe von 15 cm sollte die Auftrittsfläche 33 bis 35 cm sein.

Treppen und Wege bepflanzen

Trittfestes Grün. Leider gibt es nicht viele Pflanzen, die es mögen, wenn man Sie mit Füßen tritt. Doch dafür verwöhnen uns diese Arten noch mit aromatischen Düften. Römische Kamille (*Chamaemelum nobile* 'Plena'), Thymian-Arten (*Thymus serphyllum*, *T. doerfleri*, *T. citrodorus*), Fiederpolster (*Cotula potentilliana*, *C: squalida*); auf feuchten, schattigen Wegen nehmen Günsel und Pfennigkraut (*Lysimachia numularia*) ein paar Fußtritte und gelegentliches Rasenmähen nicht übel.
Treppengirlande in Blau und Gelb: Frauenmantel, Glockenblume (*Campanula portenschlagiana*, *C. poscharskyana*).
Leuchtfarben in Rot und Weiß: Storchschnabel (*Geranium sanguineum*, *G. sanguineum* 'Album'). Diese Treppe blüht einen ganzen Sommer lang.

Architektonischer Hang

Für steilere Hänge ist eine natürliche Gestaltung (→ Natürlicher Hang, Seite 36) weniger günstig. Für einen architektonischen Hang wird die Schräge durch mehrere nicht allzu hohe Trockenmauern in terrassenförmige Stufen gegliedert (Steinlagerung, → Seite 24; Trockenmauer → Seite 38). Sie haben dann zwischen den Mäuerchen ebene Flächen, die ganz verschieden genutzt werden können. Bei nicht allzu großen Terrassenabschnitten läßt sich der ganze Hang als Steingarten gestalten.
Auf breiteren Teilflächen können Sie Wege einplanen, einen Gemüsegarten anlegen oder hohe Beetstauden und Rosen pflanzen.
Auch ein Sitzplatz ist innerhalb einer solchen Terrasse möglich. Dabei können Trockenmauern, bewachsen mit duftendem Thymian, zur romantischen Gartenbank werden.
Treppen und Wege durch eine solche Anlage bieten noch weitere Gestaltungsmöglichkeiten (→ Seite 42).
Polsterstauden, die Trockenmauern zum Blühen bringen, gibt es für alle Jahreszeiten.
• Frühling – Blaukissen, Steinkraut, Phlox, Gänsekresse.
• Frühsommer – Nelke, Silberwurz, Glockenblume, Sonnenröschen.
• Sommer – Fetthenne (*Sedum album*), Glockenblume (*Campanula carpatica*), Wüstengolaster, Grasnelke.
• Herbst – Leimkraut, Nachtkerze, Fetthenne (*Sedum cauticulum*), Perlkörbchen.
• Winter – Dachwurz, immergrüne Fetthenne-Arten, Perlkörbchen, Gräser, Schleifenblume, andere immergrüne Stauden.

Wasser im Steingarten

Schon kleinste Wasserstellen vermehren Ihre Gestaltungsmöglichkeiten. Quellsteine oder eine kleine Vogeltränke tragen zur Verbesserung des Kleinklimas bei und dienen Pflanzen, die bei sonnigem Standort eine etwas höhere Luftfeuchtigkeit bevorzugen.
Pflanzbeispiel: Vogeltränke in Sonne oder Halbschatten
Ein muldenartig vertiefter Stein oder eine frostsichere Schale, die in die Erde eingelassen werden, sind als Vogelbad geeignet.
Die Bepflanzung ist in blau, gelb und weiß gestaltet: Enzian-Arten (*Gentiana acaulis, G. lagodechiana*), Frauenmantel (*Alchemilla mollis*), Edelweiß, Primel-Arten (*Primula acaulis, P. veris, P. auricula*), Nelkwurz (*Geum bulgaricum*), Glockenblume (*Campanula portenschlagiana*), Steinbrech (*Saxifraga arendsii*), Waldschmiele.
Immergrüne Stauden und schmückende Samenstände von Edelweiß, Frauenmantel und Gräsern sorgen auch im Winter für Dekoration.

Teiche und Bäche

Kleine Tümpel oder Teiche können Sie in einen Steingarten integrieren. Sie sollten natürlichen Vorbildern von Gebirgsseen ähnlich sein. In der Tabelle (→ Seite 18/19) sind passende Stauden mit f/F gekennzeichnet. Vier weitere Arten wachsen direkt am Wasserrand und passen zu einem Steingartenteich: Sumpfdotterblume, Sumpfvergißmeinnicht, Pestwurz, Sumpfehrenpreis. Diese Arten wachsen in Sonne und Halbschatten.
Für geschickte Gartenbaumeister ist die Anlage eines Bachlaufes eine besondere Herausforderung. Sie sollten eine solche Anlage dem Gartengelände anpassen. Steingartenpflanzen, die feuchte Böden und höhere Luftfeuchtigkeit mögen, lassen sich gut mit Wasserrand- und Uferpflanzen kombinieren. Wassergärten sind ein spezielles Gartenthema. Für aufwendig gestaltete Bachläufe und Teichanlagen sollten Sie sich in der Fachliteratur (→ Seite 62) oder bei Fachleuten informieren.

Duftsteingarten

Kräuterfans können auch mit der Gestaltung eines dekorativen Steingartens auf ihre Kosten kommen. Es muß nicht immer die traditionelle Kräuterspirale sein. Auch eine Küchentrockenmauer als Einfassung des Gemüsegartens oder ein Steingartenkräuterbeet direkt vor der Küchentür sind nicht nur praktisch, sondern durchaus attraktiv. Ein Beet mit duftenden Blättern und Blüten zum Genießen ist ebenso ein hübscher Blickfang am Sitzplatz auf der Terrasse. Zusätzlich wird die Nase mit Wohlgerüchen verwöhnt. Neben Lavendel und vielen Thymianarten gibt es noch mehr steingartenwürdige, eßbare Stauden. Alle bevorzugen einen sonnigen Standort.

- Bohnenkraut (*Satureja montana*) blüht im Spätsommer lila.
- Dost (*Origanum vulgare*) blüht im Spätsommer und Frühherbst lila oder rosa. Die Blüten sind ein Magnet für Schmetterlinge.
- Heiligenkraut (*Santolina chamaecyparissus*) blüht im Sommer gelb.
- Pimpinelle (*Sanguisorba minor*) blüht im Frühsommer rosa. Ständiger Schnitt fördert die Blattbildung dieser immergrünen Staude.
- Salbei (*Salvia officinalis*) blüht im Sommer blau.
- Schnittlauch (*Allium schoenebrasum*) blüht im Frühjahr lila. Diesen dekorativen Steingartenschmuck sollten Sie möglichst nicht in Reihen, sondern verteilt in kleinen Gruppen pflanzen.
- Tripmadame (*Sedum reflexum*) blüht im Frühjahr gelb. Eignet sich gut für Trockenmauern.
- Weinraute (*Ruta graveolens*) blüht im Frühsommer gelb.

Teiche, Bäche, Duftpflanzen

Ein kleiner Wasserfall verbessert das Kleinklima und schafft einen verträumten Winkel.

- Ysop (*Hyssopus officinalis*) blüht im Sommer blau.
- Zitronenmelisse (*Melissa officinalis*) blüht im Sommer lila. Zitronenmelisse sät sich gern selbst aus, sollte möglichst gleich nach der Blüte zurückgeschnitten werden.

In einem Steingartenbeet übernehmen Lavendel, Ysop, Heiligenkraut, Weinraute und Salbei die Funktion der Leitstauden.

Auf einer Trockenmauer passen sie auf die Mauerkrone. Niedrigere Arten wie Thymian, Bohnenkraut und Dost gruppieren Sie um die Leitstauden. Sie können auch in Mauerfugen wachsen. Teppichbildende Thymianarten und Tripmadame füllen die Flächen aus und wachsen auch über Steine. Pimpinelle und Schnittlauch sorgen für Auflockerung. Sie sind am Mauerfuß am besten aufgehoben. Verbleibende Lücken können Sie mit ein- oder zweijährigen Kräutern wie Basilikum, Kerbel, Petersilie, Borretsch, Kapuzinerkresse oder Ringelblume füllen, deren Blüten eßbare Dekorationen sind. Frühlingsschmuck zum Genießen liefern Duftveilchen, Schlüsselblume und Gänseblümchen.

Gießen, düngen, vermehren
Erfolgreiche Pflege

Ein Steingarten braucht zwar weniger Pflege, wenn die Standortansprüche der Pflanzen beachtet werden, doch ganz ohne geht es nicht. Wichtige Tips zum Gießen, Düngen, Vermehren und zur Vorbeugung gegen Krankheiten und Schädlinge bekommen Sie auf den nächsten Seiten.

Foto oben: Küchenschellen gibt es in vielen verschiedenen Farben.
Foto links: Sonnenröschen setzen einen farbigen Akzent zwischen den Rosetten der Fetthenne.

Pflegeansprüche von Stauden

Danach werden Stauden in drei Gruppen eingeteilt:
Beetstauden umfassen viele unserer bekannten Rabatten- oder Prachtstauden wie Rittersporne, Schwertlilien oder Pfingstrosen, die in vielen Jahren hochgezüchtet wurden. Diese Stauden verlangen einen möglichst unbewachsenen Boden, viel Platz im Wurzelbereich und regelmäßige Nährstoff- und Wasserzufuhr. Nur einige Arten können Sie in größeren Steingärten als Solitärstauden verwenden. Wenn Sie ihre Pflegeansprüche berücksichtigen, dienen sie einer abwechslungsreichen Gestaltung.
Wildstauden sind züchterisch nicht beeinflußte Arten. Zu ihnen zählen außer heimischen Pflanzen auch viele fremdländische Stauden. Wenn sie ähnlichen Klimaverhältnissen entstammen, können Sie sie ebenso in Ihrem Garten verwenden. Wildstauden, die standortgerecht, also entsprechend ihrem Lebensbereich, ausgewählt werden, wachsen im Laufe der Jahre zu dichten Pflanzenteppichen heran. Regelmäßiges Hacken oder gar Graben ist hier eher schädlich. Auch zusätzliche Nährstoff- und Wasserzufuhr ist bei standortgerechter Pflanzenauswahl kaum erforderlich.

Wildstauden mit Beetstaudencharakter bilden den Übergang zwischen Beet- und Wildstauden. Es sind meist Wildstauden, die so überreich blühen, daß sie auch zu den Beetstauden gerechnet werden können. Auch züchterisch nur wenig bearbeitete Arten mancher Wildstauden, zum Beispiel Astilbenarten, zählen dazu. Sie können sowohl in Beet- als auch in Wildstaudenpflanzungen verwendet werden. In ihren Pflegeansprüchen werden sie wie Wildstauden behandelt. Ihr andauerndes Blühen sollten Sie durch Kompostgaben unterstützen.

Naturnahe Pflanzungen sind pflegeleicht

In naturnah gestalteten Steingärten werden Sie also überwiegend Wildstauden verwenden. Wenn Sie die Pflanzen geschickt auswählen und natürliche Pflanzengesellschaften zusammenstellen, wird eine solche Pflanzung im Laufe der Jahre immer pflegeleichter. Die Stauden wachsen zu harmonischen Pflanzengruppen zusammen. Der Boden ist bald völlig mit Pflanzen bedeckt; Unkräuter haben kaum eine Überlebenschance. Gelegentliches ordnendes Eingreifen – etwa das Abschneiden abgeblühter Blütenstände oder das Zurückdrängen von

allzu wüchsigen Flächendeckern – dürfte kaum in Arbeit ausarten. Ein gründlicher Herbstputz ist nicht empfehlenswert, denn Sie bringen sich damit um die schönsten Winterbilder Ihres Steingartens.

Pflege in den ersten Jahren nach der Pflanzung

Voraussetzung für eine pflegeleichte Pflanzung ist die gute Vorbereitung des Beetes (→ Seite 22).
Ungenügend entfernte Wurzelunkräuter können die Freude an einer Steingartengestaltung für immer verderben. Aber auch in den ersten Jahren nach der Pflanzung sollten Sie Ihren Steingarten gut im Auge behalten. Schnellwüchsige einjährige Unkräuter oder zugeflogene kräftig wachsende Sämlinge sind starke Konkurrenten für Ihre zierlichen, langsam wachsenden Steingartenstauden. Schnecken und andere Schädlinge haben in Unkrautwiesen gute Bedingungen, ganz zu schweigen vom verminderten Licht-, Wasser- und Nährstoffangebot für Ihre Stauden.
Entfernen von Unkraut: Massenhafte Löwenzahn- oder Distelsämlinge sind im Jugendstadium sehr gut zu entfernen. Reichen die Wurzeln erst in größere Tiefe, können sie, besonders in lehmigen Böden,

Pflege in den ersten Jahren

Die vielen Dachwurz-Arten (Sempervivum) sind äußerst genügsam, wenn sie am sonnigen Platz stehen.

zur Plage werden. Auch dichte Teppiche, von Vogelmiere etwa, können jungen Stauden das Leben schwermachen. Durch regelmäßiges, aber vorsichtiges Hacken ist es möglich, aufkommendes Unkraut schon im Jugendstadium zu entfernen. Mit einem stumpfen Gartenmesser können Sie im Wurzelbereich der Stauden auch tiefer wurzelnde Unkräuter gezielt ausstechen. In späteren Jahren sollte die Hacke immer weniger zum Einsatz kommen.

Mein Tip: Das Gartenmesser ist neben der Gartenschere mein nützlichstes Pflegegerät für alle Staudenpflanzungen.

Dachwurz-Blüte.

Erfolgreiche Pflege

Ein Ministeingarten steht inmitten eines üppigen Gartenteils.

Wasser- und Nährstoffbedarf

Damit Pflanzen wachsen und gedeihen, sind Wasser und Nährstoffe nötig.
- Wildstauden benötigen bei guter Bodenvorbereitung nur gelegentlich Wasser- und Nährstoffzufuhr.
- Größere Pflanzungen, die mit Gehölzen, Wildstauden mit Beetstaudencharakter oder Beetstauden abwechslungsreicher gestaltet sind, sollten Sie gezielt mit zusätzlichen Wasser- und Nährstoffgaben versorgen.

Bewässerung

Standortgerechte Pflanzenverwendung ist die Voraussetzung für eine pflegeleichte Gestaltung. Stauden, die in der Natur Trockenheit und Sonne vertragen, benötigen an ähnlichen Gartenstandorten kein zusätzliches Gießwasser. Stauden, die mehr Bodenfeuchte lieben, sollten Sie auch im Garten auf schattigen, frischen Böden verwenden.
Wie in natürlichem Steingelände, dienen Pflanzenpolster

Wasser- und Nährstoffbedarf

oder Steine als Wasserspeicher. Gestaltete Mulden und Vertiefungen auf Trockenmauern sind ebenso Möglichkeiten, Wasser zu sparen.
Manchmal ist jedoch zusätzliches Gießen nötig:
Zur Verbesserung der Luftfeuchte: In trockenen Sommern sollten Sie durch gelegentliches abendliches Übersprühen die Luftfeuchtigkeit in Ihrem Steingarten verbessern. Gebirgspflanzen ergänzen ihre Wasservorräte durch Tauniederschläge, die in den höheren Lagen verstärkt anfallen. Ebenso können kleine Wasserbecken für ein günstigeres Kleinklima sorgen.
Bei älteren Stauden: Große, alte Stauden mit umfangreichen Wurzelnestern, die oft in größere Tiefe hinabreichen, sind in niederschlagsarmen Sommern besonders durch Austrocknung gefährdet. Gründliches durchdringendes Wässern verlängert ihre Lebensdauer. Eine reiche Nachblüte belohnt Sie für Ihre Mühe. Gehölze und Beetstauden in Steingärten sind in langen Trockenperioden ebenfalls für kräftiges Gießen dankbar.
Zur Wintervorbereitung: Immergrüne Stauden sollten vor Wintereinbruch gründlich gewässert werden. So können sie auch trockene Frostperioden ohne Schnee, wie sie in unseren Gegenden häufig vorkommen, gut überstehen.

Nachdüngung

Eine gute Bodenvorbereitung schafft beste Voraussetzungen für die Nährstoffversorgung Ihrer Staudenpflanzung (→ Seite 22). Im Laufe der Jahre entziehen die Pflanzen dem Boden Nährstoffe, die Sie gelegentlich ergänzen müssen. Gut verrotteter Kompost ist hierfür am besten geeignet.
• Gehölze, Beetstauden und Wildstauden mit Beetstaudencharakter brauchen reichlichere Düngergaben. Geringe Zugaben von mineralischem Dünger sind für sie, besonders für lang und kräftig blühende Sorten, empfehlenswert.
• Wildstauden dagegen kommen mit geringerem Nährstoffangebot zurecht, vor allem Arten für sonnige, trockene Standorte und für Heidegärten. Starke Nährstoffgaben führen bei ihnen zu massigem Wuchs und sind nicht selten die Ursache für das Absterben der Pflanzen. Hier sind also nur gelegentliche Kompostgaben, vielleicht mit Sand vermischt, empfehlenswert.
• Stauden des Waldes oder des Gehölzrandes, die Sie in schattigen Steingärten verwenden, sind für reichlichere Kompostgaben dankbar.
Den Kompost sollten Sie am besten im Frühjahr zwischen den Stauden verteilen. Bei völlig zugewachsenen Beeten geben Sie den Kompost unter die

Staudenpolster oder streuen ihn fein zerteilt auf Polster und Matten. Bei kalkliebenden Stauden können Sie etwas Kalk unter den Kompost mischen. In Heidegärten und bei Pflanzen, die sauren Boden bevorzugen, ist eine Zugabe von ein wenig Torf oder grober Nadelstreu günstig. Rindenkompost kann ebenso verwendet werden.
Rindenmulch ist für Staudenpflanzungen weniger geeignet. Die gerbsäurehaltigen Ausscheidungen der unverrotteten Rinden könnten zarte Staudenwurzeln schädigen.
Das Aufdüngen älterer Trockenmauerpflanzen ist mit Jauche möglich.
Mein Tip: Aus käuflichem Rinderdung können Sie sich selbst organische Düngelösungen herstellen: Eine große Handvoll Rinderdungextrakt lösen Sie in zehn Liter Wasser auf. Diese Lösung rühren Sie gut um und lassen sie einige Tage stehen. Gießen Sie im Frühjahr über einen Einstich die Düngelösung direkt zu den Wurzeln der Pflanzen.
Wichtig: Eine Nachdüngung sollte frühestens im zweiten Jahr nach der Pflanzung erfolgen. Außerdem muß die Nährstoffzufuhr bis zum Sommer beendet sein, damit die Triebe der Pflanzen bis zur Winterruhe ausgereift sind. Weiche, unausgereifte Blätter sind durch Frost besonders gefährdet.

Erfolgreiche Pflege

Stauden schneiden

Bei den Schnittmaßnahmen unterscheiden wir drei verschiedene Formen.

Entfernen abgeblühter Blüten: Bei lang und ständig nachblühenden Arten sollten Sie abgeblühte Blüten regelmäßig abschneiden. Sie erreichen damit eine deutliche Verlängerung der Blühzeit. Die Staude wird an der Ausbildung von Samen gehindert und so ständig zu neuer Blütenbildung angeregt. Bei folgenden Arten ist diese Pflegemaßnahme empfehlenswert: Nelkwurz, Spornblume, Alant, Nachtkerze, Grasnelke.

Vollständiger Rückschnitt nach der Blüte: Auch diese Maßnahme fördert die Verlängerung der Blühzeit oder eine kräftige Nachblüte im Herbst. Schneiden Sie alle abgeblühten Blütenstände ab. Äste und Zweige sollten Sie jedoch an der Pflanze belassen.

Folgende Stauden können Sie durch Rückschnitt zur Nachblüte oder einer zweiten Blüte anregen: Glockenblume, Nelke, Sonnenröschen, Katzenminze, Braunelle.

Rückschnitt abgestorbener Pflanzenteile: Entfernen Sie abgestorbene Pflanzenteile erst im Frühjahr. Sie sind der beste natürliche Winterschutz. Außerdem bringen Sie sich durch gründliche Aufräumaktionen im Herbst um schönste Wintereindrücke bei Rauhreif und

Schnee. Im Frühjahr ist diese Arbeit auch viel einfacher; völlig vertrocknete Pflanzenreste lassen sich ganz leicht mit den Händen wegräumen.

Verjüngen der Stauden

Stauden lassen nach einigen Jahren im Blütenreichtum nach; manche Arten verändern ihr Aussehen. Zur Verjüngung gibt es verschiedene Möglichkeiten.

Humusieren: Hierbei geben Sie im Frühjahr oder Herbst gut verrotteten Kompost fein zerteilt direkt auf oder um die Wurzelbasis der Pflanzen. Die Staude bildet an dieser Stelle wieder neue Wurzeln und Triebe, sie wird zu neuem Wachstum angeregt.

Bei folgenden Arten wird diese Maßnahme erfolgreich angewendet: Purpurglöckchen, Nelkwurz, Prachtspiere, Phlox, Gemswurz.

Teilen: Dazu nehmen Sie die ganze Staude mit dem Wurzelballen aus der Erde. Dies geschieht je nach Blühzeitpunkt im Frühjahr oder im Herbst, am besten bei feuchttrübem Wetter. Mit einem scharfen Spaten, bei lockeren Wurzelballen auch mit der Hand, teilen Sie den Wurzelballen in mehrere faustgroße Teile. Den alten Pflanzplatz sollten Sie mit Kompost und guter Gartenerde etwas auffrischen. Dort

setzen Sie ein Teilstück wieder ein. Die anderen Pflanzen können Sie anderweitig verwenden.

Stecklings- oder Absenkervermehrung: Bei manchen Stauden wie Lavendel oder Sonnenröschen und bei Polsterstauden in Trockenmauern ist ein Teilen schwer möglich. Hier können Sie es mit Stecklingen oder Absenkern versuchen.

• Stecklinge bewurzeln in Jiffy-Töpfen unter Folienhauben auf einer warmen Fensterbank recht gut.

• Für Absenker graben Sie eine lange Polsterranke an einer Stelle in die Erde ein und befestigen sie dort mit einem Stein. Am neuen Wachstum erkennen Sie die Wurzelbildung. Sie haben eine neue Pflanze.

Aussaat: Einige Stauden säen sich selbst aus, zum Beispiel Steinkraut, Blaukissen, Spornblume, Lerchensporn, Katzenminze, Nelke, Christrose, Braunelle.

Bei Lavendel, Edelweiß, Silberdistel ist die Anzucht unter Folie auf der Fensterbank möglich.

Winterschutz

Bei guter Planung und Anlage vertragen Steingartenstauden unsere Winter recht gut. Winterschutzmaßnahmen für

Schnitt, Vermehrung, Winterschutz

Lavendel, Heiligenkraut und Salbei machen diesen Garten zu einem Paradies für die Sinne.

Steingärten und Trockenmauern sind nur in den ersten Jahren nach der Pflanzung und in extremen Lagen unbedingt notwendig. Gefährlicher als starker Frost sind Kahlfröste ohne Schnee (wie sie bei uns häufig vorkommen), Wintersonne und Winternässe.
Vor Winternässe schützt eine gute Drainage (→ Seite 22).
Die schützende Schneedecke können Sie an exponierten Stellen durch leichtes Abdecken mit Fichtenreisig ersetzen. Auch abgestorbene Pflanzenteile sind eine wirksame Hilfe (→ Seite 52).
Durchdringendes Wässern im Herbst bewahrt Steingartenstauden und Immergrüne vor starker Austrocknung durch Wintersonne.

Auch mit Rauhreif schön: Seidelbast

Wenn Pflanzen kümmern

Gesunde, kräftige Pflanzen werden selten krank. Auch tierische Schädlinge fügen ihnen kaum großen Schaden zu. Sie sollten ihren Pflanzen am besten täglich einen Blick schenken, um erste Krankheitsanzeichen zu bemerken. Folgende Faktoren begünstigen einen Befall mit Schädlingen oder Krankheiten:
• Ungeeigneter Boden,
• unzureichende Nährstoff- oder Wasserversorgung,
• ungünstige Witterungsverhältnisse (übermäßige Hitze oder Trockenheit).
Auch neugekaufte Pflanzen können krank sein. Der Standortwechsel ist eine große Belastung für die Pflanze. Er begünstigt Schädlingvermehrung und Krankheitsbefall.

Krankheiten

Mehltau ist die im Steingarten am häufigsten auftretende Pilzkrankheit. Beim Auftreten von Mehltau sind die Blätter und Triebspitzen von einem weißen mehligen Belag überzogen. Auch in trockenen Sommern ist eine Übertragung von einer Pflanze zur anderen möglich.
Sie können Mehltau mit natürlichen Spritzmitteln wie Schachtelhalm- oder Knöterichextrakten bekämpfen.

Schachtelhalmbrühe entfaltet die beste Wirkung, wenn sie bei sonnigem Wetter gespritzt wird. Da Mehltau und andere Pilzkrankheiten erst zum Ende des Sommers hin auftreten, ist der Schaden meist unerheblich. Chemische Pilzbekämpfungsmittel sollten Sie nur bei sehr starkem Befall anwenden.
Mein Tip: Beginnen Sie schon im Frühjahr eine vorbeugende Behandlung Mit Schachtelhalm oder Knöterichextrakt.

Schädlinge

Blattläuse: Grüne oder schwarze Läuse sitzen in großen Mengen an frischen Trieben und an Blattspitzen. Dadurch werden die Blätter gekräuselt, verkümmern. Die Läuse scheiden klebrigen Saft (Honigtau) aus, der Ameisen, Bienen und Wespen anlockt. Es besteht die Gefahr der Übertragung von Viruskrankheiten.
Kontrollieren Sie anfällige Pflanzen regelmäßig. Streifen Sie die Läuse mit den Fingern ab oder setzen Sie einen scharfen Wasserstrahl ein. Sprühen mit Schmierseifenlösung ist die wirksamste und nützlingschonendste Bekämpfung. Auch Gesteinsmehl, über die Pflanzen gestäubt, hilft gut. Bienenungefährliche Pyrethrum-Mittel sind nur bei starkem Befall anzuwenden.
Mein Tip: In artenreichen

Pflanzungen können sich Blattläuse kaum massenhaft ausbreiten.
Erdflöhe: Die kleinen, grünschillernden Käfer hüpfen bei Berührung davon. Sie verursachen durchlöcherte Blätter und Blütenknospen, die gar nicht erst aufblühen. In trockenen Sommern besteht die Gefahr massenhafter Vermehrung. Da Erdflöhe trockene Erde bevorzugen, kann eine Mulchdecke helfen. Rainfarntee oder -brühe ist ein vorbeugendes Spritzmittel. Gesteinsmehl in den frühen Morgenstunden auf die taufeuchten Blätter gestäubt, läßt die Erdflöhe vertrocknen. Wiederholte Anwendung von Schmierseifenlösung hilft ebenso.
Blattwanzen: Diese fünf bis zehn Millimeter großen, grün bis bunt gefärbten Insekten sondern bei Berührung einen unangenehmen Geruch ab. Sie verursachen verkrüppelte Triebspitzen und Blätter. Überstäuben der Pflanzen mit Gesteinsmehl schränkt die Beweglichkeit der Tiere ein, sie lassen sich leichter entfernen.
Schnecken: Fraßschäden, besonders an jungen Stauden oder total abgefressene Pflanzen weisen darauf hin, daß Schnecken am Werk sind. Auch vor Blüten machen sie nicht Halt.
Am wirksamsten ist es, wenn Sie bei Dunkelheit mit der Taschenlampe auf Schnecken-

Krankheiten, Schädlinge

jagd gehen! Bierfallen nützen nur bei kleinen Nacktschnecken. Gesteinsmehl und Sägemehl, um empfindliche Pflanzen gestreut, helfen nur bei trockenem Wetter. Wie Sie die Tiere vernichten, möchte ich Ihnen selbst überlassen. In jedem Fall ist es nicht sinnvoll, sie über den Gartenzaun in ein wildes Grundstück zu werfen. Im Lauf einer Nacht können die Schnecken wieder in Ihrem Garten sein.

Achtung: Verwenden Sie kein Schneckenkorn! Ihr Gartenboden wird damit auf Dauer vergiftet. Schneckenfressende Nützlinge wie Igel, Maulwürfe und Kröten sterben an den mit Schneckenkorn vergifteten Schnecken. Das ökologische Gleichgewicht wird dauerhaft zerstört.

Wühlmäuse, Feldmäuse, Maulwürfe: Die Anwesenheit dieser kleinen Säugetiere erkennen Sie an Löchern, kleinen Erdhaufen und welkenden Stauden Besonders Zwiebelgewächse sowie junge und schwachwüchsige Stauden sind gefährdet.

Setzen Sie Zwiebelgewächse in Drahtkörbe; eine Steinschotter- oder Kiesdrainage hält den Maulwurf fern; Mäuse können Sie mit Fallen einfangen.

Hinweis: Maulwürfe fressen nicht an Pflanzen. Sie heben nur die Erde an und können dadurch zu Schädlingen werden.

Die fünf häufigsten Schädlinge

Mehltau
Schadbild: Mehlig, weißer Belag auf den Blättern und an den Triebspitzen. Vorkommen: Besonders an Astern, Primeln und Ehrenpreis. Abhilfe: Mit Schachtelhalm- oder Knöterichextrakt sprühen.

Blattläuse
Grüne oder schwarze Läuse. Schadbild: Gekräuselte Blätter. Vorkommen: Besonders auf Steinkraut, Spornblume und Ehrenpreis. Abhilfe: Mit den Fingern abstreifen; mit Schmierseifenlösung übersprühen.

Erdflöhe
Kleine grünschillernde Käfer. Schadbild: Durchlöcherte Blätter und kümmernde Blütenknospen. Vorkommen: Besonders an Steinkraut, Nachtkerze. Abhilfe: Sprühen mit Rainfarntee und mit Schmierseifenlösung.

Blattwanzen
5 bis 10 mm großen Insekten. Schadbild: Verkrüppelte Triebspitzen und Blätter. Vorkommen: An großblättrigen Steingartenpflanzen. Abhilfe: Absammeln, das durch überstäuben mit Gesteinsmehl erleichtert wird.

Schnecken
Schadbild: Fraßschäden an Blättern und Blüten. Vorkommen: An allen jungen Pflanzen, besonders Funkien- und Glockenblumen-Arten. Abhilfe: Einsammeln der Tiere, am besten bei Dunkelheit mit der Taschenlampe.

Pflege rund ums Jahr

Wenn Sie bei der Standortwahl die Ansprüche der einzelnen Steingartenpflanzen berücksichtigen, werden Sie mit der Pflege Ihres Steingartens nur wenig Arbeit haben.
Doch einige Dinge sollten Sie zu den richtigen Zeiten erledigen.

Im März

Unkrautbekämpfung: Neue Pflanzungen leicht hacken. Sorgfältig alle Unkräuter ausstechen.
Nährstoffversorgung: Ab dem 2. Jahr Kompost auf die Oberfläche der Pflanzung verteilen; je nach Bedarf Kalk, Torf, Nadelstreu oder mineralische Dünger (für Beetstauden oder Gehölze) zugeben.
Schnittmaßnahmen: Abgestorbene Staudenteile entfernen.
Verjüngung: Herbstblühende Stauden teilen. Richtiger Zeitpunkt für die Humusierung.
Winterschutz: Wenn auch die Nächte frostfrei sind, unbedingt entfernen; für Spätfröste bereit halten.

Im April

Unkrautbekämpfung: Regelmäßig Unkraut entfernen.
Nährstoffversorgung: Falls noch nicht geschehen, jetzt Kompost und, je nach Pflanzung, Dünger geben.
Winterschutz: Für Spätfröste auch jetzt noch bereit halten.

Im Mai und Juni

Unkrautbekämpfung: Regelmäßig Unkraut entfernen.
Nährstoffversorgung: Kompostgaben und mineralische Zusatzdüngung noch möglich.
Wasserversorgung: Bei anhaltender Trockenheit abends leicht übersprühen; ältere Stauden, Gehölze und Beetstauden durchdringend gießen.
Schnittmaßnahmen: Abgeblühte Blüten ausknipsen; Rückschnitt einiger Frühjahrsblüher.
Verjüngung: Frühjahrsblüher können geteilt werden, Humusierung, Stecklings- und Absenkervermehrung.

Im Juli und August

Unkrautbekämpfung: Regelmäßig Unkraut entfernen.
Wasserversorgung: Bei anhaltender Trockenheit abends leicht übersprühen; ältere Stauden, Gehölze und Beetstauden durchdringend gießen.
Schnittmaßnahmen: Abgeblühte Blüten ausknipsen.
Nährstoffversorgung: Ab Ende August einstellen.
Verjüngung: Frühjahrs- und Sommerblüher bei günstigem Wetter teilen; Stecklings- und Absenkervermehrung.

Im September und Oktober

Wasserversorgung: Immergrüne und ältere Stauden gründlich wässern.
Nährstoffversorgung: Kompostgaben als Mulchdecke (Winterschutz) möglich.
Verjüngung: Frühjahrs- und Sommerblüher teilen, Stecklings- und Absenkervermehrung.

Im November

Winterschutz: Deckreisig besorgen, erst vor starken Frösten aufbringen.

Im Dezember

Wasserversorgung: An frostfreien Tagen Immergrüne gießen.
Winterschutz: Falls noch kein Deckreisig aufgebracht wurde, jetzt erledigen.

Im Januar und Februar

Wasserversorgung: An Frostfreien Tagen Immergrüne gießen.
Winterschutz: Bei starkem Wind kontrollieren.

Mit sommerlicher Blütenpracht erfreut dieser Garten seinen Betrachter.

Pflanzen- und Sachregister

Die **halbfett** gesetzten Seitenzahlen verweisen auf Farbfotos und Zeichnungen. Auf den mit * gekennzeichneten Seiten finden Sie Beschreibung und Pflegehinweise zur jeweiligen Pflanze. U=Umschlagseite

Absenkervermehrung 52
Achillea 14*
Ackerwinde 22
Ajuga reptans 18*, 31
Akelei 40
Alant 34, 35, 52
Alchemilla 18*
– *mollis* 30, 44
Allium schoenebrasum 44
Alyssum 14*
– *saxatile* 30
Anaphalis 14*, 30
Anemone 18*
Anemone 18*
Angießen 29
Antennaria 14*, 30
Arabis
– *caucasica* 14*, 30
– *procurrens* 18*, 30
Architektonischer Hang 43
Armeria 14*
Aruncus aethusifolius 18*, 30
Asplenium trichomanes 19*
Astilbe 18, 40
Astilbe chinensis 18*, 31
Aubrieta 14*
– *cultorum* 31
Aussaat 52

Bach 44
Bartblume 36, 37
Basalt 24
Basilikum 45
Beetstauden 48
Berberitze 37
Bergenia 18*, 31
Bergenie 18*, 35
Bewässerung 50
Blattläuse 54, 55
Blattwanzen 54, 55
Blaukissen 14*, 37, 43, 52
Blauraute 37
Blechnum spicant 19*
Blindschleichen 11
Blühfarben 9
Blühzeiten 9
Boden 6, 11
–, Säuregehalt 22
-untersuchung 22
-verbesserung 22
-vorbereitung 22
Bohnenkraut 44, 45
Borretsch 45
Braunelle 19*, 40, 52
Brunnera 31
– *macrophylla* 18*

Calluna 34
Campanula 14*
– *carpatica* 31, 43
– *portenschlagiana* 34, 43

– *poscharskyana* 40, 43
Carex 19*
Carlina 14*, 30
– *acaulis* 36
Centranthus 14*
– *ruber* 31, 37
Cerastium 14*
– *tomentosum* 30
Chamaemelum nobile 43
Chiastophyllum 30
– *oppositifolium* 18*
Christrose 18*, 40, 52
Corydalis lutea 18*, 30
Cotula
– *potentilliana* 43
– *squalida* 43

Dachwurz **10**, 15*, 35, 43, **49, U3**
Deschampsia cespitosa 19*
Dianthus 14*
– *deltoides* 31
– *grationapolitanus* 37
Dicentra eximia 18*, 30
Doronicum 30
– *orientale* 18*
Dost 44, 45
Drainage 11
– anlegen 22
Dreiblatt **17**, 19*, 40
Dryas octopetala 14*, 30
Dryopteris 19*
Duftpflanzen 44
Duftveilchen 45
Düngung 51

Ebene Flächen 22
Eberwurz 14*
Edelweiß **7**, 8, 15*, 35, 44, 52
Efeu 40
Ehrenpreis 15*, 36
Eibe 40
Eidechsen 11
Einkaufstips 28
Einpflanzen 29
Eisenhut 40
Elfenblume 18*
Enzian **7**, 14*, 35, **42**, 44
Epimedium 18*, 30
Erdflöhe 54, 55
Erica carnea 34
– *tetralix* 34
Erinus alpinus 14*, 31
Eriophyllum lanatum 14*
Euphorbia 18*
– *amygdaloides* 30
– *polychroma* 30

Farne 35, 40
Federgras 15*
Feinstrahlaster 36
Feldmäuse 55
Felsennelke 15*, 35
Festuca 14*
Fetthenne 8, 15*, 34, 35, 43, **47, U3**
Fiederpolster 43
Findlingsgruppen 25, **25**, 35
Fingerhut 40
Fingerkraut 15*, 34, 37
Fingerstrauch 36
Flächendeckende Staude 28
Flockenblume 36

Register

Frauenmantel 18*, 40, 43, 44
Frösche 11
Frühlingsmargerite 18*
Füllstaude 28, **28**
Funkie **17**, 18*, 40

Gänseblümchen 45
Gänsekresse **2**, 14*, 37, 43
Gedenkmein 19*, 40
Gefleckte Taubnessel 18*, 34, 40
Geißbart 40
Geländegestaltung 22
Gelber Lerchensporn 18*, 40
Gemswurz 18*. 52
Gentiana 14*
– *acaulis* 31, 35, 44
– *lagodechiana* 44
– *septemfida* 31
Geranium 14*, 18*
– *cinereum* 31, 35
– *endresci* 31, 40
– *macrorrhizum* 31
– *sanguineum* 31, 43
– *wlassovianum* 31
Geröllbeet 34
Geum 18*
– *bulgaricum* 18*, 44
Giersch 22
Ginster 36, 37
Glockenblume **3**, **13**, 14*, **33**, 34, 36, 40, 43, 44, 52
Goldtröpfchen 18*
Granit 24
Grasnelke **12**, 14*, 34, 43, 52
Großklima 6
Günsel 18*, 43

Gypsophila 14*
– *repens* 30, 35

Hainsimse 19*
Halbsträucher 9, **9**
Hanglagen 22, **24**
Hedera helix 40
Heide 9, 34
Heidegarten 34
Heiligenkraut 44, 45, **53**
Helianthemum 14*
-Hybriden 30
Heliosperma alpestre 14*
Helleborus 30
– *hybridus* 18*
Herzblume 35
Herzlilie 18*
Heucherella 31
– *tiarelloides* 18*
Hirschzungenfarn **17**, 19*
Hochbeet 34
Hohlwege **25**, 42
Hornkraut 14*, **23**, 37
Hornveilchen 34, 40
Hosta 18*, 31
– *fortunei* 40
– *undulata* 40
Humusieren 52
Hyssopus officinalis 45

*I*beris 15*
– *saxatilis* 30, 35
Immergrün 40
Inula ensifolia 15*, 30, 35
Iris barbata-nana 15*, 30, 31

Johanniskraut 36

Kalk 51
Kalkgehalt 22
Kalkgestein 24
Kapuzinerkresse 45
Katzenminze 15*, 35, 37, 52
Katzenpfötchen 14*, 34
Kaukasusvergißmeinnicht 18*
Kerbel 45
Kissenaster 36
Kleine Beete 34
Kleine Herzblume **17**, 18*, 40
Kleines Purpurglöckchen 18*
Kleinklima 6, 44
Klima 6
–, Groß- 6
– Klein- 6
Knöterich 19*
Koeleria glauca 15*
Kompost 22, 51
Krankheiten 54
Krokus 36
Kröten 11
Küchenschelle 8, **9**, **13**, 15*, 34, 35, 36, **47**
Kugeldistel 37

*L*amium maculatum 18*, 31, 34, 40
Lavandula 15*, 31
Lavendel 9, **9**, 15*, 34, 35, 45, 52, **53**
Leberbalsam 14*
Lehmboden 22
Leimkraut 15*, 43
Lein 15*, 35
Leinkraut 18*, 35, 37, 40

Leitstaude 28, **28**
Leontopodium alpinum 15*, 30
Lerchensporn 34, 35, 52
Liguster 40
Linaria cymbalaria 18*, 31, 35
Linum 15*
– *flavum* 37
– *perenne* 31
Lorbeerrose 40
Luftfeuchte 51
Lungenkraut 19*, 40
Luzula 19*
Lysimachia numularia 43

Mädchenauge 36, 37
Mahonie 40
Margerite 36
Mattenstauden 8, **9**
Maulwurf 55
Mauswiesel 11
Mehltau 54
Melissa officinalis 45
Miniatursteingarten 34
Mohn **32**

Nachtkerze **5**, **13**, 15*, 43, 52
Nährstoffbedarf 50
Naturgarten 6
– anlegen 6
– pflegen 48
Naturschutz 6, 7
Nelke **2**, 14*, **21**, 37, 43, 52
Nelkwurz 18*, 44, 52
Nepeta fassenii 15*, 31

Register

*Oenothera missouri-
ensis* 15*, 30
Omphalodes affinum
19*
Omphalodes verna
19*, 31
Origanum vulgare 44

Perlkörbchen 9, 14*,
34, 37, 43
Pestwurz 44
Petersilie 45
Petrorhagia saxifraga
15*, 31
Pflanzen
- bedarf 28
-kauf 28
-wahl 26
Pflanzetiketten 29
Pflanzpläne 27
– erstellen 27
Pflanzzeit 28
Pflegeansprüche 48
Pflegekalender 56
pH-Wert 22
Phlox **2**, 37, 43, 52
Phlox subulata 15*,
31, 37
Phyllitis 19*
Pimpinelle 44, 45
Planung 26
Polsterphlox 8, 15*
Polsterstauden 8, **8**
Polsterthymian 35
Polypodium 19*
Polystichum 19*
Potentilla 15*
– *atrosanguinea* 37
– *verna* 30, 34
Prachtspiere 52
Primel 19*, 35, 44
Primula 19*, 30
– *acaulis* 44

– *auricula* 44
– *veris* 44
Prunella grandiflora
19*, 30
Pulmonaria 19*
– *rubra* 31
Pulmonaria officinalis
40
Pulsatilla vulgaris
15*, 31

Quecke 22

Ranunkelstrauch 40
Rasenkantenwege 42
Rhododendron 40
Rindenmulch 51
Rinderdung 51
Ringelblume 45
Rippenfarn 19*
Römische Kamille 43
Ruta graveolens 44

Salbei 36, 37, 44, 45,
53
Salvia officinalis 44
Sandboden 22, 38
Sandstein 24
Sanguisorba minor 44
*Santolina chamaecy-
parissus* 44
Satureja montana 44
Saxifraga 19*
– *arendsii* 30, 44
– *cortusifolia* 30
– *umbrosa* 30, 40
Schädlinge 54
Schafgarbe **2**, 14*
Schattensteingarten 40
Schaumblüte **16**, 19*
Schaumkresse 18*, 40
Schildfarn 19*
Schillergras 15*

Schleierkraut 14*, 34,
35
Schleifenblume 15*,
35, 43
Schlüsselblume **17**, 45
Schnecken 54, 55
Schnee 11
Schneeball 40
Schneeglöckchen 40
Schnitt 52
Schnittlauch 44, 45
Schwingel 14*
Scilla 40
Sedum 15*
– *album* 35, 43
– *cauticulum* 35, 43
– *kamtschatikum* 30
– *reflexum* 30, 44
Segge 19*
Seidelbast **53**
Sempervivum 15*, 49
Silberdistel 9, **12**, 14*,
35, 36, 52
Silberkerze 40
Silberwurz 14*, 43
Silene 15*
– *schafta* 31
Sommeraster 36
Sommerflieder 36
Sonnenhut 36, 37
Sonnenröschen 9, 14*,
34, 35, 36, 37, 43,
46, 52
Sonniger Standort 36
Spierstrauch 36
Spindelstrauch 40
Spornblume 14*, 34,
37, 52
Standorte 11
– luftfeuchte 11
– schattige 11
–, sonnige 11
– trockene 11

Standortwahl 22
Staude 8
–, flächendeckende 28
–, Füll- 28
–, Leit- 28
–, zugeordnete 28
Staunässe 11
Stechpalme 40
Stecklingsvermehrung
52
Steinart 24
Steinauswahl 24
Steinbrech 8, **16**, 19*,
35, 40, **42**, 44
Steine
– für Findlingsgruppen
25
– für Hanggärten 25
– für Hohlwege 25
– für Miniatursteingär-
ten 25
– für Wassersteingär-
ten 25
Steine
standortgerechte 6
Steinfarben 24
Steinfeder 19*
Steinformen 24
Steingartenpflanzen,
Herkunft 7
Steinkraut 8, 14*, 36,
37, 43, 52
Steinlagerung **24**, 25
Stipa 15*
Storchschnabel 14,
18*, 35, 40, 43
Strahlensame 14, 35
Strandflieder 36, 37
Storchschnabel **13**, 34
Sumpfdotterblume 44
Sumpfehrenpreis 44
Sumpfvergißmeinnicht
44

Paradiesisch leben.
Mit GU.

Ob kleines Usambaraveilchen, riesige Palme oder edler Rosenstrauch – so richtig grünt und blüht es im Zimmer, auf dem Balkon und im Garten nur dann, wenn Sie auch die Ansprüche Ihrer Pflanzen kennen.

Das nötige Wissen über Kauf, Pflanzung und Pflege vermitteln die

- GU Ratgeber Zimmerpflanzen
- GU Ratgeber Balkon und Terrasse
- GU Ratgeber Garten.

3-7742-2166-9

Änderungen und Irrtum vorbehalten.

3-7742-2668-7

3-7742-2656-3

3-7742-2321-1

3-7742-2643-1

Literatur, Adressen

Tauchbad 29, **29**
Teich 44
Teilen 52
Thymian 8, 15*, 34, 35, 36, 43, 45
Thymus 15*
– *citriodorus* 43
– *doerfleri* 31, 36, 43
– *serphyllum* 31, 35, 36, 45
Tiarella 19*
– *wherryi* 30
Tiere 11
Tonboden 22
Treppen 42, 43
– bepflanzen 43
Trillium 19*
– *grandiflorum* 40
Tripmadame 44, 45
Trittsteine 24, 36
Trittsteinpfade 42
Trockenmauer 38
–, Anlehn- **38**, 39
–, Bindemittel für 38
–, freistehende **38**, 39
–, Fundament der 38
Tümpel 40
Tüpfelfarn 19*

Unkraut 22
– entfernen 22, 48

Veilchen 19*
Verbindungswege 42
Veronica 15*
– *prostrata* 31, 36
– *spicata* 31, 36
Vinca major 40
Viola 19*
– *cornuta* 31, 40
– *odorata* 31
Vögel 11
Vogeltränke 44

Wacholder 36
Wachstumsbedingungen 7
Waldschmiele 19*, 44
Waldsteinia 19*, 30
Waldsteinie 19*
Wasserangebot 6
Wasserbedarf 50
Wege 42, 43
– bepflanzen 43
Weinraute 44, 45
Wildformen 10
Wildstauden 48
– mit Beetstaudencharakter 48
Wildtulpen 36
Winterling 40
Winternässe 11
Winterschutz 52
Wintervorbereitung 51
Wolfsmilch **10**, 18*, **42**
Wuchsformen 8
Wühlmäuse 55
Wurmfarn 19*
Wurzelballen auflokkern 29
Wüstengolaster 14*, 34, 43

Ysop 45

Zitronenmelisse 45
Zuchtformen 10
Zugeordnete Staude 28
Zwerg-Geißbart 18*, 35, 40
Zwergalant 15*, 36
Zwergberberitze 36
Zwergkiefer 36
Zwergmispel 36
Zwergschwertlilie 15*

Literatur, die weiterhilft

(Falls nicht im Buchhandel, dann in Bibliotheken erhältlich)
BdB-Handbuch Teil 3: *Stauden.* Fördergesellschaft »Grün ist Leben« Baumschulen mbH
Fessler, A.: *Der Staudengarten.* Verlag Eugen Ulmer, Stuttgart
Foerster, K.: *Der Steingarten der sieben Jahreszeiten.* Neumann-Verlag, Radebeul
Gabriel, I.: *Gesunde Pflanzen im Biogarten.* Falken-Verlag, Niedernhausen/Ts.
Hansen/Stahl: *Die Stauden und ihre Lebensbereiche.* Verlag Eugen Ulmer, Stuttgart
Kaiser, K.: *Wildstauden.* BLV Verlagsgesellschaft, München
Rau, H.: *Kräuter im Garten.* Gräfe und Unzer Verlag, München
Schacht, W.: *Der Steingarten.* Verlag Eugen Ulmer, Stuttgart
Schleu-Helgert, M.: *Kleine Gärten planen und gestalten.* Gräfe und Unzer Verlag, München

Widmayr-Falconi, Ch.: *Bezaubernde Gärten.* BLV Verlagsgesellschaft, München

Zeitschriften

Flora. Gruner&Jahr AG & Co., Hamburg
kraut & rüben. BLV Verlagsgesellschaft mbH, München
Mein schöner Garten. Senator-Burda-Verlag, Offenburg

Bezugsquellen

Adressen von guten Staudengärtnereien erhalten Sie beim Bund deutscher Staudengärtner, Gießener Straße 47, 35305 Grünberg.
Organische Dünger und biologische Mittel zur Schädlingsbekämpfung erhalten Sie im Gartenfachhandel.

Impressum

Die Fotos auf dem Umschlag

Umschlagvorderseite: Intensiv blauer Enzian ist eine der typischsten Gebirgspflanzen und eine Zierde für den Steingarten.
Kleines Foto: Die Wurzeln der Steine müssen tief zwischen die Steine geschoben werden.
Umschlagseite 2: Eine Treppe aus Natursteinen erleichtert den Zugang zu den einzelnen Teilen des Steingartens.
Umschlagrückseite: Foto oben links: Auch Form und Farbe der Steine tragen wesentlich zum Charakter des Steingartens bei.
Foto oben rechts: Küchenschelle (*Pulsatilla*).
Foto unten: Trockenmauer mit Glockenblumen.

Warnung und Hinweis

In diesem Buch geht es um die Gestaltung von Steingärten sowie deren Pflege. Einige der beschriebenen Pflanzen sind mehr oder weniger giftig. Giftige Pflanzen sind in den Pflegetabellen auf Seite 14 und 18 mit einem Totenkopf gekennzeichnet. Achten Sie unbedingt darauf, daß Kinder und Haustiere die damit als gefährlich bezeichneten Pflanzen nicht essen.
Treffen Sie Sicherheitsvorkehrung bei der Arbeit mit großen Steinen; achten Sie darauf, daß Steine nicht am Hang abrutschen und Sie und andere gefährden können. Versenken Sie Steine ein Stück in die Erde, um einem Umkippen oder Abrutschen vorzubeugen.
Halten Sie sich beim Einsatz von Pflanzenschutzmitteln an die Gebrauchsanweisungen auf der Verpackung. Bewahren Sie Pflanzenschutz- und Düngemittel (auch organische) so auf, daß sie für Kinder und Haustiere unerreichbar sind. Ihr Genuß kann zu gesundheitlichen Schäden führen. Diese Mittel dürfen außerdem nicht in die Augen gelangen.
Kommt es beim Umgang mit Erde zu offenen Verletzungen, suchen Sie umgehend einen Arzt auf und lassen sich fachkundig behandeln. Besprechen Sie mit ihm, ob er eine Impfung gegen Tetanus (Wundstarrkrampf) für erforderlich hält.

© 1996 Gräfe und Unzer Verlag GmbH, München
Alle Rechte vorbehalten, auch auszugsweise, sowie Verbreitung durch Film, Funk und Fernsehen, durch fotomechanische Wiedergabe, Tonträger und Datenverarbeitungssysteme jeder Art nur mit schriftlicher Genehmigung des Verlags.

Redaktion: Peter Völk, Christiane Gsänger
Layout und Umschlaggestaltung:
Heinz Kraxenberger
Herstellung und Satz:
Michael Bauer
Repro:
Penta, München
Druck und Bindung:
Stürtz, Würzburg

ISBN 3-7742-2168-5

Auflage   5. 4. 3.
Jahr   00 99

Die Fotografen

Borstell: Seite U4 li.o.; Himmelhuber: Seite U4 u.; IPO: Seite U1 kleines Foto; msg/Jarosch: 46/47; msg/Stork: Seite 2; Morell: Seite 3 li., 3 re., 16 li., 17 re.o., 33 re., 49 u.; Nickig: Seite 5 re., 10 o., 10 u., 12 re., 13 li.o., 13 re.o., 13 re.M., 16 re., 17 li.o., 17 li.u., 17 re.M., 17 re.u., 21 re., 23, 26, 45, 47 re., 50, 53 o., 53 u., 57, 64/U3; Reinhard: Seite 4/5, 7, 12 li., 13 li.u., 20/21, 35, 41, 42, 49 o., U4 re.o.; Reinhard, N.: Seite 13 re.u.; Schneiders, U. Seite U2/1, 32/33; Strauß: Seite U1 großes Foto; Tipho: Seite 37.

Ein dichter Pflanzen- teppich

Viele Steingartenpflanzen bilden dichte Teppiche, die den Boden oder eine Mauer überwuchern können. Einige wurzeln mit Ausläufern an neuen Stellen, andere liegen als üppige Kissen locker auf.
Unter diesen Polster- oder Mattenstauden gibt es attraktive Blütenpflanzen wie Steinkraut, Schleifenblume oder Blaukissen. Manche rosettenbildende Arten wie Fetthenne oder Dachwurz haben auch in der Zeit, in der sie keine Blüten tragen, ihren Reiz. Fleischige oder behaarte Blätter sind ebenso wie silbriges Laub nicht nur eine Zierde, sondern sie schützen die Pflanzen am Naturstandort vor Wassermangel und starker Sonneneinstrahlung.

In verschiedenen Grüntönen und mit Blüten prunken Dachwurz und Fetthenne.